QM Library

23 1349075 X

GOGOL
NEVSKY PROSPECT

PG 3332 . N4 GOG

KU-113-846

Over sixty Russian Texts are available or in production in this series, many are stressed and all have an English introduction and notes. They include the following:

Н.В. ГОГОЛЬ
НЕВСКИЙ ПРОСПЕКТ

N.V. GOGOL
NEVSKY PROSPECT

EDITED WITH INTRODUCTION, BIBLIOGRAPHY,
NOTES AND VOCABULARY BY
MICHAEL PURSGLOVE

RUSSIAN
STUDIES

PUBLISHED BY BRISTOL CLASSICAL PRESS
GENERAL EDITOR: JOHN H. BETTS
RUSSIAN TEXTS SERIES EDITOR: NEIL CORNWELL

This impression 2002
First published in 1995 by
Bristol Classical Press
an imprint of
Gerald Duckworth & Co. Ltd.
61 Frith Street, London W1D 3JL
Tel: 020 7434 4242
Fax: 020 7434 4420
inquiries@duckworth-publishers.co.uk
www.ducknet.co.uk

© 1995 by Michael Pursglove

All rights reserved. No part of this publication
may be reproduced, stored in a retrieval system, or
transmitted, in any form or by any means, electronic,
mechanical, photocopying, recording or otherwise,
without the prior permission of the publisher.

A catalogue record for this book is available
from the British Library

ISBN 1 85399 348 4

QM LIBRARY
(MILE END)

Printed in Great Britain by
Antony Rowe Ltd, Eastbourne

CONTENTS

BIOGRAPHICAL NOTES

Nikolai Vasil'evich Gogol' (1809-52)

1809 20 March (Old Style), born in the town of Velikie Sorochintsy in the Ukraine.

1821 May, enters new *gimnaziia* in Nezhin.

1828 On leaving school, goes to Petersburg.

1829 Publishes *Hanz* (sic) *Küchelgarten* under pseudonym 'V. Alov'. Buys up and burns most copies. Becomes civil servant.

1831 Publishes *Vechera na khutore bliz Dikan'ki* (*Evenings on a Farm near Dikanka*).

1834 Briefly becomes history lecturer at Petersburg University.

1835 Publication of *Mirgorod* and *Arabeski* (*Arabesques*).

1836 19 April (Old Style). Petersburg première of play *Revizor* (*The Government Inspector*).

1836 June, goes to Germany. Subsequently spends much time abroad, especially in Germany and Italy.

1842 May, publishes Part 1 of *Mertvye dushi* (*Dead Souls*).

1842 June. Publication of *Works*.

1845 Burns manuscript of Part 2 of *Dead Souls*.

1847 *Vybrannye mesta is perepiski s druz'iami* (*Selected Passages from Correspondence with Friends*) provokes furious response from Belinsky. Growing religious crisis. Comes under the influence of Father Matvei (Konstantinovsky)

1852 February, again burns manuscript of Part 2 of *Dead Souls*.

1852 21 February (Old Style), dies in the house of Count A.P. Tolstoi in Moscow.

INTRODUCTION

The origins of *Nevsky Prospect* are complex. They include an unfinished story of 1831 *The Terrible Hand* (*Strashnaia ruka*) and a story narrated by Pushkin and written down by Vladimir Titov in 1828, *The remote little house on Vasil'evsky Island* (*Uedinennyi domik na Vasil'evskom ostrove*), as well as two works by the French master of the grisly, Jules Janin, which had appeared in Russian translation in 1832. In its final version it was passed by the censor in November 1834 and in 1835 was published in the collection *Arabesques* (*Arabeski*). This motley collection of prose writing was mainly devoted to non-fictional pieces on subjects as varied as the Middle Ages, Pushkin, contemporary architecture and 'the movements of peoples at the end of the fifth century'. Also included, however, were three stories: apart from *Nevsky Prospect*, these were *Diary of a Madman* (*Zapiski sumasshedshego*) and the first version of *The Portrait* (*Portret*). In 1842, with the appearance of Gogol's collected works these three stories, together with the famous *Overcoat* (*Shinel'*), *The Nose* (*Nos*) and, somewhat anomalously, *The Carriage* (*Koliaska*), which is set in provincial Russia, were grouped together under the title *Petersburg Tales* (*Peterburgskie povesti*). Pushkin had been given a preview of *Nevsky Prospect* before it was submitted to the censor and had 'read it with pleasure'. After the publication of *Arabesques* Belinsky picked out *Nevsky Prospect* and *Diary of a Madman* for special mention, claiming that they demonstrated not a diminution but a growth in Gogol's talent.

The influence of *Nevsky Prospect* has been enormous. In Russian literature it is the first prose example of the 'Petersburg theme', which hinges on the ambiguous nature of the capital city wished on Russia by Peter the Great in 1703, and built in a malarial swamp at the cost of thousands of lives in a potentially disastrous strategic position. By Gogol's time most of 'Peter's city' was in fact Catherine's city, Catherine II being responsible for the sumptuous buildings which adorned (and still adorn) the imperial capital. The beauty of the city and the elegance of its culture contrasted with the squalor in which the majority of its inhabitants, most of them dependent on the vast governmental machinery, lived. Nineteenth-century Russian writers had an ambiguous attitude to Petersburg: two years before the publication of Gogol's story Pushkin had enunciated this attitude in his narrative poem *The Bronze Horseman* (*Mednyi vsadnik*) and in the 1860s and 1870s Fedor Dostoevsky was to create, in *Crime and Punishment* (*Prestuplenie i nakazanie*) and *A Raw Youth* (*Podrostok*) the exemplar of the 'nightmare city' on the banks of the Neva. The 'Petersburg tradition' continued with the Symbolist poets at the turn of the nineteenth and twentieth centuries, among whom there was a strong strain of what they termed 'urbanism'. Two of them made important contributions to the genre: Valerii Briusov with his poem 'The Pale Horse' ('Kon′ bled') and Andrei Belyi with his Dostoevskian novel simply entitled *Petersburg*. In post-Revolutionary times the novelist Evgenii Zamiatin revived the tradition in such short stories as *The Dragon* (*Drakon*), and there are echoes of it in Daniil Kharms and in the literature produced by the three-year siege of Leningrad during the Second World War. Petersburg was for Russian writers what London was for Dickens or Paris for Charles Baudelaire.

Many of the above remarks are applicable to the story which occupies some two-thirds of *Nevsky Prospect*, that of the doomed artist Piskarev. His blind infatuation for the Petersburg streetwalker leads him into what the reader clearly perceives to be a brothel, a fact which Piskarev with his child-like naivete is at first reluctant to believe. Already there is confusion between Dream and Reality as the author asks rhetorically: 'But was not this all a dream' ('No ne vo sne li vse eto'). The present tense used in the Russian implies a challenge by Gogol to his readers to decide this fundamental question as they read this passage. The moment the 'beauty of the world', the 'crown of Creation' speaks, the spell is broken. The same sequence of infatuation followed by disillusion is followed in the first of his dreams – the long description of the visit to the lighted ballroom – which is the only one of his dreams not to be induced by opium. Here, as so often in literature (Tiutchev's famous poem 'Dream at Sea' is more or less contemporaneous with *Nevsky Prospect*) the dream seems more vivid, more 'real' than waking reality. In this passage, occupying some three and a half pages in Tulloch's translation, the reader is misled into taking Dream for Reality when s/he is told that Piskarev was roused from a half-waking, half-sleeping state by a knock at the door. Only belatedly is it revealed that the whole thing is a dream. (The reader is similarly misled in two of the other *Petersburg Tales*, *The Portrait* and *The Nose*). When he begins taking opium in an attempt to revive the vision, Piskarev forsakes reality and takes refuge in the fantasy world of dreams ('finally dreams became his life'). Once the opium takes effect his final and tragic disillusionment is inevitable. The thin line between Illusion and Reality has become hopelessly blurred for Piskarev. Two more dreams are described – the girl sitting at the window of a rustic cottage and the dream in which the girl has already become his wife.

What then is the point of the remaining one third of the story which is devoted to the amorous adventure of Lieutenant Pirogov (roughly: Lieutenant Pie) and the wife of Schiller the tinsmith? There are superficial links between the two parts: the two men are described as 'friends', though their friendship is not sufficiently profound for Pirogov to bother coming to Piskarev's funeral; both stories involve a hero whose names and patronymics are not given and whose surnames have rhyming initial syllables; both men pursue women who have no name at all; both stories involve foreigners – a Persian on the one hand and Germans on the other – who speak comically bad Russian; both stories recall foreign literature, the one with its Hoffmannesque fantasy and Schilleresque idealism, the other by the simple expedient of naming two characters after the same two prominent German writers.

However, as this last similarity suggests, the tone of the two stories is radically different. The Piskarev story is melodramatic and tragic, the Pirogov story flippant and inconsequential. The fate of the two men points the difference: Piskarev cuts his throat; Pirogov cuts a puff pastry and puts his brush with the irate Germans down to experience. William Rowe has pointed out that the idea of two entities (the Piskarev and Pirogov stories) linked by the slimmest of pretexts is mirrored by at least four images in the text: the ladies in their colourful costumes who resemble butterflies fluttering above the crowds of drab, beetle-like males; the wasp-waisted ladies, with waists 'no thicker than the neck of a bottle'; the voluminous sleeves ('like two balloons') of the same ladies and, in the final paragraph of the story, the two crows sitting strangely opposite each other, presumably beak to beak. What is more important is that all four images come not from within the two stories which make up *Nevsky Prospect* but from the passages which frame the two stories. The first two images come from the long description of the street which, after an initial authorial eulogy, depicts the street in the early morning, at noon, at two, three and four o'clock in the afternoon and, finally, at dusk, just as the streetlights are being lit. The third image comes from the authorial musing, occupying two paragraphs, which ends the story. The gist of this musing could be summarised accurately, if a little tritely, that the world is a strange place, that nothing is what it seems and that the most deceptive place of all is Nevsky Prospect. The streetlights, with which the introductory section ended, reappear at the end of the concluding section. The lamplighter is the Devil, that author of deception who inhabits so much of Gogol's work, notably *The Portrait* where, in the 1835 version, the artist-hero's name was Chertkov (i.e Chert-kov). Gogol's Devil, like C.S. Lewis' Devil in *The Screwtape Letters*, works his evil by making men (and in Gogol's world this means, specifically, persons of the male sex) see things as other than they are. Thus Piskarev mistakes Beauty for Good, flirtatiousness for love, and perishes. Pirogov, by contrast, recognises things for what they are and survives.

It is a bleak view of the world. The survivor is not the artist, not the idealist, but Pirogov, the epitome of Gogolian *poshlost'*, one of the chief characteristics of which is, according to Charles Moser, 'self-satisfied mediocrity'. Pirogov is a quintessentially Gogolian character, a fact that was recognised by Vissarion Belinsky when he described the lieutenant as 'the type of types, the prototype of prototypes' ('tip iz tipov, pervoobraz iz pervoobrazov'). Piskarev is also a 'type'. The dominant feature of his character – his timidity – is said by Gogol to be common to all artists. There are many other features of *Nevsky Prospect* which are equally typical of Gogol's work. In the opening section it is the use of synecdoche – the use of the part to denote the whole – which is particularly striking. Thus, in a series of sentences addressed to the reader and beginning 'You will meet' ('Vy vstretite'), Gogol introduces whiskers, moustaches, waists, sleeves and smiles. Almost equally striking is the use of contrast, not only in the basic themes (Illusion and Reality; Good and Evil; Idealism and Cynicism; Day and Night) but in the detail as well. The object of Piskarev's infatuation is dark and innocent looking while that of Pirogov is blonde and flirtatious. Words denoting darkness and light recur frequently throughout the text. So, too, do the words 'chistyi' and 'chistota', denoting both physical and spiritual cleanliness, which are contrasted with filthiness and depravity. Gogol's choice of characters is also typical of his work as a whole. In the Piskarev story, the doomed artist bears a close resemblance to Chartkov in *The Portrait* while the idealised woman is a recurrent feature of Gogol's fiction and is the subject of his article 'Woman' ('Zhenshchina', 1831). One short extract will suffice to convey the flavour of this article: 'What is woman? The language of the Gods! She is poetry...'. After Piskarev's death we meet some of the multitude of episodic characters, which Vladimir Nabokov dubs 'homunculi' and which inhabit both his stories and his plays. The only people who mourn for Piskarev are a police officer, a drunken soldier and a beggar-woman who has nothing better to do. The Piskarev story also contains instances of what might be termed Gogol's heroic, or perhaps mock-heroic style, the most famous example of which is the 'troika' image at the end of Part 1 of *Dead Souls*. In such passages Gogol uses techniques more familiar in verse than in prose. Two examples will suffice to illustrate this. As Piskarev follows the girl through the streets the world seems topsy-turvy. Eventually the girl enters a four-storied house, whose iron railings seem an insurmountable barrier to Piskarev. What Gogol actually writes is: 'The railings by the entrance placed their iron jolt in his way' ('perily u pod"ezda protivupostavili emu zheleznyi tolchok svoi'). Translators opt for paraphrase, but at least do that accurately. The sentence 'She sat down; her bosom heaved beneath the thin veil of gauze' ('Ona sela, grud' ee vozdymalas' pod tonkim dymom gaza') posed greater problems. Here the rhyming, but unconnected syllables *dym* (literally: 'smoke') and voz*dym*alas' (an archaic verb which may be compared to 'podymat'sia', the alternative form of 'podniat'sia'), plus the potentially ambiguous word 'gaz', caused one otherwise careful translator to garble the sentence completely. Gogol has a verbal inventiveness which is the equal of any poet. Not only does he devise neologisms (e.g. 'nashchekaturennyi'), he also exploits many features of the Russian of his day, including legalisms ('posessor'), Gallicisms ('kommi'; 'torniura') and anglicisms ('missy'). There are also the unmistakeable Gogolian trademarks; a reference to noses; insect imagery; food and a narrator whose attitude varies. Just as Gogol's attitude to Akakii Akakievich in *The Overcoat* is difficult to pin down, so in *Nevsky Prospekt* the narrator's attitude to Piskarev seems to vary between sympathy and mockery.

To look for 'keys' to Gogol's work is always dangerous and *Nevsky Prospect* is no exception. It is easier to say what it is not than what it is. It is not a conventional *Künstlernovelle* with an idealist artist brought low by an uncaring, philistine and mundane world. Nor is it a sketch of low life, a 'physiological sketch' ('fiziologicheskii ocherk') such as were to come to dominate Russian literature in the 1840s. Like Nevsky Prospect itself, the story is elusive and deceptive. If there is a 'message' in the story, it lies in the root 'ver-', derivatives of which are scattered with deceptive casualness throughout the story. Twice in the first paragraph the word 'verno' occurs. Its dictionary meaning is 'probably' but in the context of this story its etymological meaning is also implied. Hence it might be translated 'one has faith'. In the same paragraph we are told that someone from suburban Petersburg can be 'sure' ('uveren') of meeting their friend if they betake themselves to Nevsky Prospect. In the next sentence we learn that only Nevsky Prospect dispenses such 'reliable' ('vernyi') information. In both cases the Petersburg suburbanite and the seeker after information are placing their faith, their belief ('vera'), in Nevsky Prospect. Of the many remaining examples of the 'ver-' root, two deserve particular mention. The first comes in the gory description of the discovery of Piskarev's body. Everything seems to indicate that, in cutting his throat, Piskarev's hand had been unsteady, unreliable ('neverna'). The use of the negated root gives to this word, over and above its routine dictionary meaning, the sense of belief confounded, of faith betrayed, which is precisely what has driven Piskarev to take his own life. Even more noteworthy is the injunction which forms the second sentence of the final paragraph. 'O, do not believe/place your faith in that Nevsky Prospect' ('O, ne ver'te etomu Nevskomu prospektu'). Once again the 'ver-' root is negated, but now its significance is wider. Nothing of what the reader has read can be trusted. The reader may never have shared

Piskarev's naive belief in the equation of Beauty and Goodness but now the story of Pirogov also proves deceptive. Where violent revenge, stemming from affronted honour and dignity, might have been expected from the philandering officer, we have puff-pastries and a mazurka. Furthermore, the sensuous blonde, who holds such promise of amorous intrigue for Pirogov, turns out to be totally faithful ('vernaia') to her boor of a husband. Nevsky Prospect which, in synecdochal fashion may be taken to stand for the whole of Petersburg, is deceptive. At one point, in describing a particular type of young lady, Gogol uses the simile 'colourless, like Petersburg' ('bestsvetnyi kak Peterburg'). The simile is interesting since in his introductory section Gogol has been at pains to point out the colourfulness of the crowds that throng Nevsky Prospect. When they have gone, however, and with the onset of night, the city famous for its fog and its greyness which is so often contrasted with the colourful, sunny South, from where Gogol himself originated, resumes its colourless appearance. Petersburg artists, asserts Gogol, unlike Italian artists, have 'on every-thing' the 'grey dull colouring' ('seren'kii mutnyi kolorit') which is the 'ineradicable stamp of the North'. Gogol begins the famous final sentence of the story with the statement: 'It lies at all times, this Nevsky Prospect.' This looks like a definitive statement of the principal theme of the work. However, not only Nevsky Prospect deceives. Gogol himself continues to mislead. In the middle of the final paragraph he interrupts his statements about Nevsky Prospect by urging his readers to put their faith in women least of all ('no damam men'she vsego ver'te'). Freudian critics will no doubt seize on this expression of distrust as another example of Gogol's own fearful attitude to women and his neuroses concerning his own sexuality. What is more important here is that the parallel between Nevsky Prospect and women has been carefully prepared as early as the first few lines of the text, where the street is referred to as a 'beautiful woman' ('krasavitsa'), the same word which is repeatedly used to describe the streetwalker for whom Piskarev falls and which is used again a few lines from the end of the story to refer to untrustworthy women. The reference to the billowing cloak which the author will not, under any circumstances, be tempted to follow also harks back to the very beginning of the Piskarev story. As for the Devil lighting the lamps, he has already been anticipated by the watchman performing the same task some time after four o'clock, by the 'spirit from hell' ('adskii dukh'), who has sullied her potential divinity in the eyes of Piskarev as he broods in his room after his first encounter with the girl, and by the demon who seems to Piskarev, during his first dream, to have crumbled the world into a multitude of pieces.

It is, characteristically, a sentence from the Pirogov story which, if anything, carries the 'message' of this story:

> Beauty produces absolute miracles. In a beautiful woman ('krasavitsa') all spiritual shortcomings, instead of giving rise to revulsion, become somehow unusually attractive.

Apparently a reference to the stupidity of Schiller's beautiful wife who, despite – or even because of – this, continues to interest Pirogov, this passage has a wider significance. It unites the linked themes of *Nevsky Prospect*, the deceptive beauty of women; the deceptive beauty of Nevsky Prospect; the deceptive beauty of Petersburg; the omnipresence of the Devil.

BIBLIOGRAPHY

Editions

Gogol', N.V. Polnoe sobranie sochinenii (Moscow, 1938).

   Volume 3 of this edition, published by the Academy of Sciences, contains the text of *Nevskii prospekt* on which most of the numerous popular editions published in Russia are based.

Kirilloff, A. (ed.), *Nevsky Prospect* (Blackwell, Oxford, 1984)

   The forerunner of the present edition, to which due acknowledgment is hereby made.

Translations

Kent, L.J. (ed.), *The Complete Tales of Nikolai Gogol*, Vol. 1 (University of Chicago Press, Chicago and London, 1985).

Tulloch, A. (trans.), *Nikolai Gogol: Arabesques* (Ardis, Ann Arbor, 1982).

   Two translations which, while extremely useful, illustrate the difficulties of translating Gogol. The first is a revision of Constance Garnett's translation, originally published in 1923. The second is based on the 1835 version of the story which, as it happens, hardly differs from the 1842 version.

Critical Studies

Hughes, O., 'The Apparent and Real in Gogol's Nevsky Prospect', *Californian Slavic Studies*, 8, 1975, pp.77-92.

Maguire, R.A., *Exploring Gogol* (Stanford University Press, Stanford, 1994).

Peace, R.A., *The Enigma of Gogol* (Cambridge University Press, 1981) pp. 95-111.

Rowe, W., *Through Gogol's Looking Glass* (New York, 1976) pp.93-99.

Waszink, P.M., 'The Representation of Synchrony in Gogol's *Nevskij Prospekt*', *Wiener Slawistischer Almanach*, Band 24, 1989, pp.43-64.

TABLE OF RANKS

The Table of Ranks (Tabel' o rangakh) was introduced by Peter the Great in 1722. In *Nevsky Prospect* only civilian ranks are mentioned, but there were equivalent military and court ranks.

1. канцлер
2. действительный тайный советник
3. тайный советник
4. действительный статский советник
5. статский советник
6. коллежский советник
7. надворный советник
8. коллежский асессор
9. титулярный советник
10. коллежский секретарь
11. abolished
12. губернский секретарь
13. сенатский регистратор
14. коллежский регистратор

Нет ничего лучше Невского проспекта, по крайней мере в Петербурге; для него он составляет всё. Чем не блестит эта улица — красавица нашей столицы! Я знаю, что ни один из бледных и чиновных её жителей не променяет на все блага Невского проспекта. Не только кто имеет двадцать пять лет от роду[1], прекрасные усы и удивительно сшитый сюртук, но даже тот, у кого на подбородке выскакивают белые волоса и голова гладка, как серебрянное блюдо, и тот в восторге от Невского проспекта. А дамы! О, дамам ещё приятен Невский проспект. Да и кому он не приятен? Едва только взойдёшь на Невский проспект, как уже пахнет одним гуляньем. Хотя бы имел какое-нибудь нужное, необходимое дело, но взошедши на него, верно, позабудешь о всяком деле. Здесь единственное место, где показываются люди не по необходимости, куда не загнала их надобность и меркантильный интерес, объемлющий весь Петербург. Кажется, человек, встреченный на Невском проспекте, менее эгоист, нежели в Морской, Гороховой, Литейной, Мещанской[2] и других улицах, где жадность, и корысть, и надобность выражаются на идущих и летящих в каретах и на дрожках. Невский проспект есть всеобщая коммуникация Петербурга. Здесь житель Петербургской или Выборгской части,[3] несколько лет не бывавший у своего приятеля на Песках[4] или у Московской заставы,[5] может быть уверен, что встретится с ним непременно. Никакой адрес-календарь и справочное место не доставят такого верного известия, как Невский проспект. Всемогущий Невский проспект! Единственное развлечение бедного на гуляньье Петербурга! Как чисто подметены его тротуары, и, Боже, сколько ног оставило на нём следы свои! И неуклюжий грязный сапог отставного солдата, под тяжестью которого, кажется, трескается самый гранит, и миниатюрный, лёгкий, как дым, башмачок молоденькой дамы, оборачивающей свою головку к блестящим окнам магазина, как подсолнечник к солнцу, и гремящая сабля исполненного надежд прапорщика, проводящая по нём резкую царапину, — всё вымещает на нём могущество силы или могущество слабости. Какая

1

быстрая совершается на нём фантасмагория в течение одного только дня! Сколько вытерпит он перемен в течение одних суток! Начнём с самого раннего утра, когда весь Петербург пахнет горячими, только что выпеченными хлебами и наполнен старухами в изодранных платьях и салопах, совершающими свои наезды на церкви и на сострадательных прохожих. Тогда Невский проспект пуст: плотные содержатели магазинов и их комми ещё спят в своих голландских рубашках или мылят свою благородную щёку и пьют кофий;[6] нищие собираются у дверей кондитерских, где сонный ганимед,[7] летавший вчера, как муха, с шоколадом, вылезает, с метлой в руке, без галстука, и швыряет им чёрствые пироги и объедки. По улицам плетётся нужный народ: иногда переходят её русские мужики, спешащие на работу, в сапогах, запачканных известью, которых и Екатерининский канал,[8] известный своею чистотой, не в состоянии бы был обмыть. В это время обыкновенно неприлично ходить дамам, потому что русский народ любит изъясняться такими резкими выражениями, каких они, верно, не услышат даже в театре. Иногда сонный чиновник проплетётся с портфелем под мышкою, если через Невский проспект лежит ему дорога в департамент. Можно сказать решительно, что в это время, то есть до двенадцати часов, Невский проспект не составляет ни для кого цели, он служит только средством: он постепенно наполняется лицами, имеющими свои занятия, свои заботы, свои досады, но вовсе не думающими о нём. Русский мужик говорит о гривне или о семи грошах[9] меди, старики и старухи размахивают руками или говорят сами с собою, иногда с довольно разительными жестами, но никто их не слушает и не смеётся над ними, выключая только разве мальчишек в пестрядёвых[10] халатах, с пустыми штофами или готовыми[11] сапогами в руках, бегущих молниями по Невскому проспекту. В это время, что бы вы на себя ни надели,[12] хотя бы даже вместо шляпы картуз был у вас на голове, хотя бы воротнички слишком далеко высунулись из вашего галстука, — никто этого не заметит.

В двенадцать часов на Невский проспект делают набеги гувернёры всех наций с своими питомцами в батистовых воротничках. Английские Джонсы и французские Коки[13] идут под руку с ввёренными их родительскими попечению питомцами и с приличною солидностью изъясняют им, что вывески над магазинами делаются для того, чтобы можно было посредством их узнать, что находится в самых магазинах. Гувернантки, бледные миссы[14] и розовые славянки, идут величаво позади своих лёгеньких, вертлявых девчонок, приказывая им поднимать несколько выше плечо и держаться прямее; короче сказать, в это время Невский проспект — педагогический Невский проспект. Но чем ближе к двум часам, тем уменьшается число гувернёров, педагогов и детей: они наконец вытесняются нежными их родителями, идущими под руку с своими пёстрыми, разноцветными, слабонервными подругами. Мало-помалу присоединяются к их обществу все, окончившие довольно важные домашние занятия, как-то: поговорившие с своим доктором о погоде и о небольшом прыщике, вскочившем на носу, узнавшие о здоровье лошадей и детей своих, впрочем показывающих большие дарования, прочитавшие афишу и важную статью в газетах о приезжающих и отъезжающих, наконец выпивших чашку кофию и чаю; к ним присоединяются и те, которых завидная судьба наделила благословённым званием чиновников по особенным поручением.[15] К ним присоединяются и те, которые служат в иностранной коллегии[16] и отличаются благородством своих занятий и привычек. Боже, какие есть прекрасные должности и службы! как они возвышают и услаждают душу! но, увы! я не служу и лишён удовольствия видеть тонкое обращение с собою начальников. Всё, что вы ни встретите на Невском проспекте, всё исполнено приличия: мужчины в длинных сюртуках с заложенными в карманы руками, дамы в розовых, белых и бледно-голубых атласных рединготах и шляпах. Вы здесь встретите бакенбарды единственные[17], пропущенные с необыкновенным и изумительным искусством под галстук, бакенбарды бархатные, атласные, чёрные, как соболь или уголь, но, увы, принадлежащие только одной иностранной коллегии. Служащим в других департаментах провидение отказало в чёрных бакенбардах, они должны, к величайшей неприятности своей, носить[18] рыжие. Здесь вы встретите усы чудные, никаким пером, никакою кистью не изобразимые; усы, которым посвящена лучшая половина жизни, — предмет долгих бдений во время дня и ночи, усы, на которые излились восхитительнейшие духи и ароматы и которых умастили все драгоценнейшие и редчайшие сорты помад, усы, к которым дышит самая трогательная привязанность их посессоров и которым завидуют проходящие. Тысячи сортов шляпок, платьев, платков — пёстрых, лёгких, к которым иногда в течение целых двух дней сохраняется привязанность их владетельниц, ослепят хоть кого[19] на Невском проспекте. Кажется, как будто целое море мотыльков поднялось вдруг со стеблей и волнуется блестящею тучею над чёрными жуками мужеского пола.[20] Здесь вы встретите такие талии, какие даже вам не снились никогда: тоненькие, узенькие талии, никак не толще бутылочной шейки, встретясь с которыми вы почтительно не отойдёте к сторонке, чтобы как-нибудь неосторожно не толкнуть невежливым локтем; сердцем вашим овладеет робость и страх, чтобы как-нибудь от неосторожного даже дыхания вашего не переломилось прелестнейшее произведение природы и искусства. А какие встретите вы дамские рукава на Невском проспекте! Ах, какая прелесть! Они несколько похожи на два воздухоплавательные шара,[21] так что дама вдруг бы поднялась на воздух, если бы не поддерживал её мужчина; потому что даму так же легко и приятно поднять на воздух, как подносимый ко рту бокал, наполненный шампанским. Нигде при взаимной встрече не раскланиваются так благородно и непринуждённо, как на Невском проспекте. Здесь вы встретите улыбку единственную, улыбку верх искусства, иногда такую, что можно растаять от удовольствия, иногда такую, что увидите себя вдруг ниже травы и потупите голову, иногда такую, что почувствуете себя выше адмиралтейского шпица[22] и поднимете её вверх. Здесь вы встретите разговаривающих о концерте или о погоде с необыкновенным благородством и чувством собственного достоинства. Тут вы встретите тысячу непостижимых характеров и явлений. Создатель! какие странные характеры встречаются на Невском проспекте! Есть множество таких людей, которые, встретившись с вами, непременно посмотрят на сапоги ваши, и, если вы пройдёте, они оборотятся назад, чтобы посмотреть на ваши фалды. Я до сих пор не могу понять, отчего это бывает. Сначала я думал, что они сапожники, но, однако же, ничуть не бывало: они большею частию[23] служат в разных департаментах, многие из них превосходным образом могут написать отношение из одного казённого места в другое; или же люди, занимающиеся прогулками, чтением газет по кондитерским, — словом большею частию всё порядочные люди. В это благословенное время от двух до трёх часов пополудни, которое может назваться движущеюся столицею Невского проспекта, происходит главная выставка всех лучших произведений человека. Один показывает щегольской сюртук с лучшим бобром, другой — греческий прекрасный нос, третий несёт превосходные бакенбарды, четвёртая — пару хорошеньких глазок и удивительную шляпку, пятый — перстень с талисманом на щегольском мизинце, шестая — ножку в очаровательном башмачке, седьмой — галстук, возбуждающий удивление, осьмой — усы, повергающие в изумление. Но бьёт три часа, и выставка оканчивается, толпа редеет...В три часа — новая перемена. На Невском проспекте вдруг настаёт весна: он покрывается весь чиновниками в зелёных вицмундирах. Голодные титулярные, надворные[24] и прочие советники стараются всеми силами ускорить свой ход. Молодые коллежские регистраторы, губернские и коллежские секретари[25] спешат ещё воспользоваться временем и пройтиться[26] по Невскому проспекту с осанкою, показывающею, что они вовсе не сидели шесть часов в присутствии. Но старые коллежские секретари, титулярные и надворные советники идут скоро, потупивши голову: им не до того, чтобы заниматься рассматриванием прохожих;[27] они ещё не вполне оторвались от забот своих; в их голове ералаш и целый архив начатых и неоконченных дел; им долго вместо вывески показывается картонка с бумагами или полное лицо правителя канцелярии.

С четырёх часов Невский проспект пуст, и вряд ли вы встретите на нём хотя одного чиновника. Какая-нибудь швея из магазина перебежит через Невский проспект с коробкою в руках, какая-нибудь жалкая добыча человеколюбивого повытчика, пущенная по миру во фризовой шинели, какой-нибудь заезжий чудак, которому все часы равны, какая-нибудь длинная высокая англичанка с ридикулем[28] и книжкою в руках, какой-нибудь артельщик, русский человек в демикотоновом сюртуке с талией на спине, с узенькою бородою, живущий всю жизнь на живую нитку,[29] в котором всё шевелится: спина, и руки, и ноги, и голова, когда он учтиво проходит по тротуару, иногда низкий[30] ремесленник; больше никого не встретите вы на Невском проспекте.

Но как только сумерки упадут на домы и улицы и будочник, накрывшись рогожею, вскарабкается на лестницу зажигать фонарь, а из низеньких окошек магазинов выглянут те эстампы, которые не смеют показаться среди дня, тогда Невский проспект опять оживает и начинает шевелиться. Тогда настаёт то таинственное время, когда лампы дают всему какой-то заманчивый, чудесный свет. Вы встретите очень много молодых людей, большею частью холостых, в тёплых сюртуках и шинелях. В это время чувствуется какая-то цель, или, лучше, что-то похожее на цель, что-то чрезвычайно безотчётное; шаги всех ускоряются и становятся вообще неровны. Длинные тени мелькают по стенам и мостовой и чуть не достигают головами Полицейского моста.[31] Молодые коллежские регистраторы, губернские и коллежские секретари очень долго прохаживаются; но старые коллежские регистраторы, титулярные и надворные советники[32] большею частию сидят дома, или потому, что это народ женатый, или потому, что им о́чень хорошо́ гото́вят ку́шанье живу́щие у них в дома́х кухарки-немки.[33] Здесь вы встре́тите почте́нных старико́в, кото́рые с тако́ю ва́жностью и с таки́м удиви́тельным благоро́дством прогу́ливались в два часа́ по Не́вскому проспе́кту. Вы их уви́дите бегу́щими так же, как молоды́е колле́жские регистра́торы, с тем, что́бы загляну́ть под шля́пку и́здали зави́денной да́мы, кото́рой то́лстые гу́бы и щёки, нащекату́ренные[34] румя́нами, так нра́вятся мно́гим гуля́ющим, а бо́лее всего́ сиде́льцам, арте́льщикам, купца́м, всегда́ в неме́цких сюртука́х гуля́ющим це́лою толпо́ю и обыкнове́нно под руку.[35]

— Стой! — закрича́л в э́то вре́мя пору́чик Пирого́в, дёрнув ше́дшего с ним молодо́го челове́ка во фра́ке и плаще́. — Ви́дел?

— Ви́дел, чу́дная, соверше́нно Перуджи́нова Биа́нка.[36]

— Да ты о ком говори́шь?

— Об ней, о той, что с тёмными волоса́ми. И каки́е глаза́! Бо́же, каки́е глаза́! Всё положе́ние, и контура́,[37] и окла́д лица́ — чудеса́!

— Я говорю́ тебе́ о блонди́нке, что прошла́ за ней в ту сто́рону. Что ж ты не идёшь за брюне́ткою, когда́ она́ так тебе́ понра́вилась?

— О, как мо́жно! — воскли́кнул, закрасне́вшись, молодо́й челове́к во фра́ке. — Как бу́дто она́ из тех, кото́рые хо́дят вве́черу по Не́вскому проспе́кту; э́то должна́ быть о́чень зна́тная да́ма, — продолжа́л он, вздохну́вши, — оди́н плащ на ней сто́ит рубле́й во́семьдесят.

— Проста́к! — закрича́л Пирого́в, наси́льно толкну́вши его́ в ту сто́рону, где развева́лся я́ркий плащ её. — Ступа́й,[38] простофи́ля, прозева́ешь! а я пойду́ за блонди́нкою.

О́ба прия́теля разошли́сь.

«Зна́ем мы вас всех, — ду́мал про себя́ с самодово́льною и самонаде́янной улы́бкою Пирого́в, уве́ренный, что нет красоты́, мо́гшей бы ему́ проти́виться.

Молодо́й челове́к во фра́ке и плаще́ ро́бким и тре́петным ша́гом пошёл в ту сто́рону, где развева́лся вдали́ пёстрый плащ, то оки́дывавшийся я́рким бле́ском по ме́ре

7

приближе́ния[39] к све́ту фонаря́, то мгнове́нно покрыва́вавшийся тьмо́ю по удале́нии от него́.[40] Се́рдце его́ би́лось, и он нево́льно ускоря́л шаг свой. Он не смел и ду́мать о том, чтобы получи́ть како́е-нибудь пра́во на внима́ние улета́вшей вдали́ краса́вицы, тем бо́лее допусти́ть таку́ю чёрную мысль, о како́й намека́л ему́ пору́чик Пирого́в; но ему́ хоте́лось то́лько ви́деть дом, заме́тить, где име́ет жили́ще э́то преле́стное существо́, кото́рое, каза́лось, слете́ло с не́ба пря́мо на Не́вский проспе́кт и, ве́рно, улети́т неизве́стно куда́.[41] Он лете́л так ско́ро, что ста́лкивал беспреста́нно с тротуа́ра соли́дных госпо́д с седы́ми бакенба́рдами. Этот молодо́й челове́к принадлежа́л к тому́ кла́ссу, кото́рый составля́ет у нас дово́льно стра́нное явле́ние и сто́лько же принадлежи́т к гра́жданам Петербу́рга, ско́лько лицо́, явля́ющее нам в сновиде́нии, принадлежи́т к суще́ственному ми́ру. Это исключи́тельное сосло́вие о́чень необыкнове́нно в том го́роде, где все и́ли чино́вники, и́ли купцы́, и́ли мастеровы́е не́мцы.[42] Это был худо́жник. Не пра́вда ли, стра́нное явле́ние? Худо́жник петербу́ргский! худо́жник в земле́ снего́в, худо́жник в стране́ фи́ннов, где всё мо́кро, гла́дко, ро́вно, бле́дно, се́ро, тума́нно. Эти худо́жники во́все не похо́жи на худо́жников италья́нских, го́рдых, горя́чих, как Ита́лия и её не́бо; напро́тив того́, э́то бо́льшею ча́стию до́брый, кро́ткий наро́д, засте́нчивый, беспе́чный, лю́бящий ти́хо своё иску́сство, пью́щий чай с двумя́ прия́телями свои́ми в ма́ленькой ко́мнате, скро́мно толку́ющий о люби́мом предме́те и во́все небрегу́щий об изли́шнем. Он ве́чно зазовёт к себе́ каку́ю-нибудь ни́щую стару́ху и заста́вит её просиде́ть би́тых часо́в шесть,[43] с тем чтобы перевести́ на полотно́ её жа́лкую, бесчу́вственную ми́ну. Он рису́ет перспекти́ву свое́й ко́мнаты, в кото́рой явля́ется вся́кий худо́жественный вздор: ги́псовые ру́ки и но́ги, сде́лавшиеся кофе́йными от вре́мени и пы́ли, изло́манные живопи́сные станки́, опроки́нутая пали́тра, прия́тель, игра́ющий на гита́ре, сте́ны, запа́чканные кра́сками,[44] с раство́рённым окно́м, сквозь кото́рое мелька́ет бле́дная Нева́ и бе́дные рыбаки́ в кра́сных рубашках. У них всегда почти на всём серенький мутный колорит — неизгладимая печать севера. При всём том они с истинным наслаждением трудятся над своею работою. Они часто питают в себе истинный талант, и если бы только дунул на них свежий воздух Италии, он бы, верно, развился так же вольно, широко и ярко, как растение, которое выносят наконец из комнаты на чистый воздух. Они вообще очень робки: звезда и толстый эполет приводят их в такое замешательство, что они невольно понижают цену своих произведений. Они любят иногда пощеголять,[45] но щегольство это всегда кажется на них слишком резким и несколько походит на заплату. На них встретите вы иногда отличный фрак и запачканный плащ, дорогой бархатный жилет и сюртук весь в красках. Таким же самым образом, как на оконченном их пейзаже, увидите вы иногда нарисованную вниз головою[46] нимфу, которую он, не найдя другого места, набросал на запачканном грунте прежнего своего произведения, когда-то писанного им с наслаждением. Он никогда не глядит вам прямо в глаза; если же глядит, то как-то мутно, неопределённо; он не вонзает в вас ястребиного взора наблюдателя или соколиного взгляда кавалерийского офицера. Это происходит оттого, что он в одно и то же время видит и ваши черты какого-нибудь гипсового Геркулеса,[47] стоящего в его комнате, или ему представляется[48] его же собственная картина, которую он ещё думает произвесть.[49] От этого он отвечает часто несвязно, иногда невпопад, и мешающиеся в его голове предметы ещё более увеличивают его робость. К такому роду принадлежал описанный нами молодой человек, художник Пискарёв, застенчивый, робкий, но в душе своей носивший искры чувства, готовые при удобном случае превратиться в пламя. С тайным трепетом спешил он за своим предметом, так сильно его поразившим, и, казалось, дивился сам своей дерзости. Незнакомое существо, к которому так прильнули его глаза, мысли и чувства, вдруг поворотило голову и взглянуло на него. Боже, какие божественные черты! Ослепительной белизны прелестнейший лоб осенён был прекрасными, как агат, волосами. Они вились, эти чудные локоны, и часть их, падая из-под шляпки, касалась щеки, тронутой тонким свежим румянцем, проступившим от вечернего холода. Уста были замкнуты целым роем прелестнейших грёз. Всё, что остаётся от воспоминания о детстве, что даёт мечтание и тихое вдохновение при светящейся лампаде, — всё это, казалось, совокупилось, слилось и отразилось в её гармонических устах. Она взглянула на Пискарёва, и при этом взгляде затрепетало его сердце; она взглянула сурово, чувство негодования проступило у ней[50] на лице при виде такого наглого преследования; но на этом прекрасном лице и самый гнев был обворожителен. Постигнутый стыдом и робостью, он остановился, потупив глаза; но как утерять это божество и не узнать даже той святыни, где оно опустилось гостить? Такие мысли пришли в голову молодому мечтателю, и он решился преследовать. Но, чтобы не дать этого заметить, он отдалился на дальнее расстояние, беспечно глядел по сторонам и рассматривал вывески, а между тем не упускал из виду ни одного шага незнакомки. Проходящие реже начали мелькать, улица становилась тише; красавица оглянулась, и ему показалось, как будто лёгкая улыбка сверкнула на губах её. Он здесь задрожал и не верил своим глазам. Нет, это фонарь обманчивым светом своим выразил на лице её подобие улыбки; нет, это собственные мечты смеются над ним. Но дыхание занялось[51] в его груди, всё в нём обратилось в неопределённый трепет, все чувства его горели, и всё перед ним окинулось каким-то туманом. Тротуар нёсся под ним, кареты со скачущими лошадьми казались недвижимы, мост растягивался и ломался на своей арке, дом стоял крышею вниз, будка валилась к нему навстречу, и алебарда часового вместе с золотыми словами вывески и нарисованными ножницами блестела, казалось, на самой реснице его глаз. И всё это произвёл один взгляд, один поворот хорошенькой головки. Не слыша, не видя, не внимая, он нёсся по лёгким следам прекрасных ножек, стараясь сам умерить быстроту своего шага, летевшего под такт сердца.⁵² Иногда овладевало им сомнение: точно ли выражение лица её было так благосклонно, — и тогда он на минуту останавливался, но сердечное биение, непреодолимая сила и тревога всех чувств стремила его вперёд. Он даже не заметил, как вдруг возвысился перед ним четырёхэтажный дом, все четыре ряда окон, светившиеся огнём, глянули на него разом, и перилы у подъезда противупоставили⁵³ ему железный толчок свой. Он видел, как незнакомка летела по лестнице, оглянулась, положила на губы палец и дала знак следовать за собою. Колени его дрожали; чувства, мысли горели; молния радости нестерпимым остриём вонзилась в его сердце. Нет, это уже не мечта! Боже! столько счастия⁵⁴ в один миг! такая чудесная жизнь в двух минутах!

Но не во сне ли это всё? ужели та, за один небесный взгляд которой он готов бы был отдать всю жизнь, приблизиться к жилищу которой уже он почитал за неизъяснимое блаженство, ужели та была сейчас так благосклонна и внимательна к нему? Он взлетел на лестницу. Он не чувствовал никакой земной мысли; он не был разогрет пламенем земной страсти, нет, он был в эту минуту чист и непорочен, как девственный юноша, ещё дышущий⁵⁵ неопределённою духовною потребностью любви. И то, что разбудило бы в развратном человеке дерзкие помышления, то самое, напротив, ещё более освятило их. Это доверие, которое оказало ему слабое прекрасное существо, это доверие наложило на него обет строгости рыцарской, обет рабски исполнять все повеления её. Он только желал, чтоб эти веления были как можно более трудны и неудобоисполняемы, чтобы с большим напряжением сил лететь преодолевать их. Он не сомневался, что какое-нибудь тайное и вместе важное происшествие заставило незнакомку ввериться; что от него, верно, будут требоваться значительные услуги, и он чувствовал уже в себе силу и решимость на всё.

Лестница вилась, и вместе с нею вились его быстрые мечты. «Идите осторожнее!» — зазвучал, как арфа, голос и наполнил все жи́лы его́ но́вым тре́петом. В тёмной вышине́ четвёртого этажа́ незнако́мка постуча́ла в дверь, — она́ отвори́лась, и они́ вошли́ вме́сте. Же́нщина дово́льно недурно́й нару́жности встре́тила их со свечо́ю в руке́, но так стра́нно и на́гло посмотре́ла на Пискарёва, что он опусти́л нево́льно свои́ глаза́. Они́ вошли́ в ко́мнату. Три же́нские фигу́ры в ра́зных угла́х предста́вились его́ глаза́м. Одна́ раскла́дывала ка́рты; друга́я сиде́ла за фортепиа́ном[56] и игра́ла двумя́ па́льцами како́е-то жа́лкое подо́бие стари́нного полоне́за; тре́тья сиде́ла пе́ред зе́ркалом, расчёсывая гре́бнем свои́ дли́нные во́лосы, и во́все не ду́мала оста́вить туале́та своего́ при вхо́де незнако́мого лица́. Како́й-то неприя́тный беспоря́док, кото́рый мо́жно встре́тить то́лько в беспе́чной[57] ко́мнате холостяка́, ца́рствовал во всём; пау́к застила́л свое́ю паути́ною лепно́й карни́з; сквозь непритво́ренную дверь друго́й ко́мнаты блесте́л сапо́г со шпо́рой и красне́ла вы́пушка мунди́ра; гро́мкий мужско́й го́лос и же́нский смех раздава́лись без вся́кого принужде́ния.

Бо́же, куда́ зашёл он! Снача́ла он не хоте́л ве́рить и на́чал при́стальнее всма́триваться в предме́ты, наполня́вшие ко́мнату; но го́лые сте́ны и о́кна без за́навес[58] не пока́зывали никако́го прису́тствия забо́тливой хозя́йки; изно́шенные ли́ца э́тих жа́лких созда́ний, из кото́рых одна́ се́ла почти́ пе́ред его́ но́сом и так же споко́йно его́ рассма́тривала, как пятно́ на чужо́м пла́тье, — всё э́то уве́рило его́, что он зашёл в тот отврати́тельный прию́т, где основа́л своё жили́ще жа́лкий развра́т, порождённый мишу́рною образо́ванностию[59] и стра́шным многолю́дством столи́цы. Тот прию́т, где челове́к святота́тственно подави́л и посмея́лся над всем чи́стым и святы́м, украша́ющим жизнь, где же́нщина, э́та краса́вица ми́ра, вене́ц творе́ния, обрати́лась в како́е-то стра́нное, двусмы́сленное существо́, где она́ вме́сте с чистото́ю души́ лиши́лась всего́ же́нского и отврати́тельно присво́ила себе́ ухва́тки и на́глости мужчи́ны и уже́ переста́ла быть тем сла́бым, тем прекра́сным и так отли́чным от нас существо́м. Пискарёв ме́рил её с ног до головы́ изумлёнными глаза́ми, как бы ещё жела́я увери́ться, та ли э́то, кото́рая так околдова́ла и унесла́ его́ на Не́вском проспе́кте. Но она́ стоя́ла пе́ред ним так же хороша́; во́лосы её бы́ли так же прекра́сны; глаза́ её каза́лись всё ещё небе́сными. Она́ была́ свежа́; ей бы́ло то́лько семна́дцать лет; ви́дно бы́ло, что ещё неда́вно насти́гнул её ужа́сный разра́т; он ещё не смел косну́ться к её щека́м, они́ бы́ли свежи́ и легко́ оттенены́ то́нким румя́нцем, — она́ была́ прекра́сна.

Он неподви́жно стоя́л пе́ред не́ю и уже́ гото́в был так же простоду́шно позабы́ться, как позабы́лся пре́жде. Но краса́вица наску́чила таки́м до́лгим молча́нием и значи́тельно улыбну́лась, гля́дя ему́ пря́мо в глаза́. Но э́та улы́бка была́ испо́лнена како́й-то жа́лкой на́глости; она́ так была́ странна́ и так же шла к её лицу́, как идёт выраже́ние на́божности ро́же взя́точника и́ли бухга́лтерая кни́га поэ́ту. Он содрогну́лся. Она́ раскры́ла свои́ хоро́шенькие уста́ и ста́ла говори́ть что́-то, но всё э́то бы́ло так глу́по, так по́шло... Как бу́дто вме́сте с непоро́чностию оставля́ет и ум челове́ка. Он уже́ ничего́ не хоте́л слы́шать. Он был чрезвыча́йно смешо́н и прост, как дитя́. Вме́сто того́ чтобы воспо́льзоваться тако́ю благоскло́нностью, вме́сто того́ чтобы обра́доваться тако́му слу́чаю, како́му, без сомне́ния, обра́довался бы на его́ ме́сте вся́кий друго́й, он бро́сился со всех ног, как ди́кая коза́, и вы́бежал на у́лицу.

Пове́сивши го́лову и опусти́вши ру́ки, сиде́л он в свое́й ко́мнате, как бедня́к, наше́дший бесце́нную жемчу́жину и тут же вы́ронивший её в мо́ре. «Така́я краса́вица, таки́е боже́ственные черты́ — и где же? в како́м ме́сте!..» Вот всё, что он мог вы́говорить.

В са́мом де́ле, никогда́ жа́лость так си́льно не овладева́ет на́ми, как при ви́де красоты́, тро́нутой тлетво́рным дыха́нием развра́та. Пусть бы ещё безобра́зие дружи́лось с ним, но красота́, красота́ не́жная... она́ то́лько с одно́й непоро́чностью и чистото́й слива́ется в на́ших мы́слях. Краса́вица, так околдова́вшая бе́дного Пискарёва, была́ действи́тельно чуде́сное, необыкнове́нное явле́ние. Её пребыва́ние в э́том презре́нном кругу́ ещё бо́лее каза́лось необыкнове́нным. Все черты́ её бы́ли так чи́сто образо́ваны, всё выражение прекрасного лица её было означено таким благородством, что никак бы нельзя было думать, чтобы разврат распустил над нею страшные свои когти. Она бы составила неоценённый перл, весь мир, весь рай, всё богатство страстного супруга; она была бы прекрасной тихой звездой в незаметном семейном кругу и одним движением прекрасных уст своих давала бы сладкие приказания. Она бы составила божество в многолюдном зале, на светлом паркете, при блеске свечей, при безмолвном благоговении толпы поверженных у ног её поклонников; но, увы! она была какою-то ужасною волею адского духа, жаждущего разрушить гармонию жизни, брошена с хохотом в его пучину.

Проникнутый разрывающею жалостью, сидел он перед нагоревшею свечою. Уже и полночь давно минула, колокол башни бил половину первого, а он сидел неподвижный, без сна, без деятельного бдения. Дремота, воспользовавшись его неподвижностью, уже было начала[60] тихонько одолевать его, уже комната начала исчезать, один только огонь свечи просвечивал сквозь одолевавшие его грёзы, как вдруг стук у дверей заставил его вздрогнуть и очнуться. Дверь отворилась, и вошёл лакей в богатой ливрее. В его уединённую комнату никогда не заглядывала богатая ливрея, притом[61] в такое необыкновенное время... Он недоумевал и с нетерпеливым любопытством смотрел на пришедшего лакея.

— Та барыня, — произнёс с учтивым поклоном лакей, — у которой вы изволили за несколько часов пред сим быть,[62] приказала просить вас к себе и прислала за вами карету.

Пискарёв стоял в безмолвном удивлении: «Карету, лакей в ливрее!.. Нет, здесь, верно, есть какая-нибудь ошибка...»

— Послушайте, любезный,[63] — произнёс он с робостью, — вы, верно, не туда изволили зайти.[64] Вас, барыня, без сомнения, прислала за кем-нибудь другим, а не за мною.

— Нет, сударь, я не ошибся. Ведь вы изволили проводить[65] барыню пешком к дому, что в Литейной,[66] в комнату четвёртого этажа?

— Я.

— Ну, так пожáлуйте поскорéе,[67] бáрыня непремéнно желáет ви́деть вас и прóсит вас ужé пожáловать пря́мо к нам нá дом.

Пискарёв сбежáл с лéстницы. На дворé тóчно стоя́ла карéта. Он сел в неё, двéрцы хлóпнули, кáмни мостовóй загремéли под колёсами и копы́тами — и освещённая перспекти́ва домóв с я́ркими вы́весками понеслáсь ми́мо карéтных óкон. Пискарёв дýмал во всю дорóгу и не знал, как разреши́ть э́то приключéние. Сóбственный дом, карéта, лакéй в богáтой ливрéе... — всё э́то он никáк не мог согласи́ть с кóмнатою в четвёртом этажé, пы́льными óкнами и расстрóенным фортепиáном.

Карéта останови́лась пéред я́рко освещённым подъéздом, а его рáзом порази́ли: ряд экипáжей, гóвор кучерóв, я́рко освещённые óкна и звýки мýзыки. Лакéй в богáтой ливрéе вы́садил его из карéты и почти́тельно проводи́л в сéни с мрáморными колóннами, с обли́тым зóлотом швейцáром, с разбрóсанными плащáми и шýбами, с я́ркою лáмпою. Воздýшная лéстница с блестя́щими пери́лами, надýшенная аромáтами, неслáсь вверх. Он ужé был на ней, ужé взошёл в пéрвую зáлу,[68] испугáвшись и попяти́вшись с пéрвым шáгом от ужáсного многолю́дства. Необыкновéнная пестротá лиц привелá его в совершéнное замешáтельство; емý казáлось, что какóй-то дéмон искроши́л весь мир на мнóжество рáзных кускóв и все э́ти куски́ без смы́сла, бéз толку смешáл вмéсте. Сверкáющие дáмские плéчи и чёрные фрáки, лю́стры, лáмпы, воздýшные летя́щие гáзы, эфи́рные лéнты и тóлстый контрабáс, выгля́дывавший и́з-за пери́л великолéпных хóров, — всё бы́ло для негó блистáтельно. Он уви́дел за одни́м рáзом[69] стóлько почтéнных старикóв и полустарикóв[70] с звёздами на фрáках, дам, так легкó, гóрдо и грациóзно выступáвших по паркéту и́ли сидéвших ряда́ми, он услы́шал стóлько слов францýзских и англи́йских, к томý же молоды́е лю́ди в чёрных фрáках бы́ли испóлнены такóго благорóдства, с таки́м достóинством говори́ли и молчáли, так не умéли сказáть ничегó ли́шнего, так величáво шути́ли, так почти́тельно улыбáлись, таки́е превосхóдные носи́ли

15

бакенба́рды, так иску́сно уме́ли пока́зывать отли́чные ру́ки, поправля́я га́лстук, да́мы так бы́ли возду́шны, так погружены́ в соверше́нное самодово́льство и упое́ние, так очарова́тельно потупля́ли глаза́, что... но оди́н уже́ смире́нный вид Пискарёва, прислони́вшегося с боя́знию к коло́нне, пока́зывал, что он растеря́лся во́все. В э́то вре́мя толпа́ обступи́ла танцу́ющую гру́ппу. Они́ несли́сь, уви́тые прозра́чным созда́нием Пари́жа,[71] в пла́тьях, со́тканных из самого́ во́здуха; небре́жно каса́лись они́ блестя́щими но́жками парке́та и бы́ли бо́лее эфи́рны, не́жели е́сли бы во́все его́ не каса́лись. Но одна́ ме́жду и́ми[72] всех лу́чше, всех роско́шнее и блиста́тельнее оде́та. Невырази́мое, са́мое то́нкое сочета́ние вку́са разлило́сь во всём её убо́ре, и при всём том она́, каза́лось, во́все о нём забо́тилась и оно́ вы́лилось нево́льно, са́мо собо́ю. Она́ и гляде́ла и не гляде́ла на обступи́вшую толпу́ зри́телей, прекра́сные дли́нные ресни́цы опусти́лись равноду́шно, и сверка́ющая белизна́ лица́ её ещё ослепи́тельнее бро́силась в глаза́,[73] когда́ лёгкая тень осени́ла при накло́не головы́ очарова́тельный лоб её.

Пискарёв употреби́л все уси́лия, чтобы раздви́нуть толпу́ и рассмотре́ть её; но, к велича́йшей доса́де, кака́я-то огро́мная с тёмными курча́выми волоса́ми заслоня́ла её беспреста́нно; прито́м толпа́ его́ прити́снула так, что он не смел пода́ться вперёд, не смел попя́титься наза́д, опаса́ясь толкну́ть каки́м-нибудь о́бразом како́го-нибудь та́йного сове́тника.[74] Но вот он продра́лся-таки вперёд[75] и взгляну́л на своё пла́тье, жела́я прили́чно опра́виться. Творе́ц небе́сный, что э́то! На нём был сюрту́к, и весь запа́чканный кра́сками: спеша́ е́хать, он позабы́л да́же переоде́ться в присто́йное пла́тье. Он покрасне́л до уше́й и, потупи́в го́лову, хоте́л провали́ться, но провали́ться реши́тельно бы́ло не́куда:[76] ка́мер-ю́нкеры в блестя́щем костю́ме сдви́нулись позади́ его́ соверше́нною стено́ю. Он уже́ жела́л быть как мо́жно пода́лее[77] от краса́вицы с прекра́сным лбом и ресни́цами. Со стра́хом по́днял он глаза́ посмотре́ть, не гляди́т ли она́ на него́: Бо́же! она́ стои́т пе́ред ним... Но что э́то? что э́то? «Э́то она́» — воскли́кнул он почти́ во весь го́лос.[78] В са́мом де́ле, э́то была́

16

она, та самая, которую встретил он на Невском[79] и которую проводил к её жилищу.

Она подняла между тем свои ресницы и глянула на всех своим ясным взглядом. «Ай, ай, ай, как хороша!..» — мог только выговорить он с захватившимся дыханием.[80] Она обвела своими глазами весь круг, наперерыв жаждавший остановить её внимание, но с каким-то утомлением и невниманием она скоро отвратила их и встретилась с глазами Пискарёва. О, какое небо! какой рай! дай силы, создатель, перенести это! жизнь не вместит его, он разрушит и унесёт душу! Она подала знак, но не рукою, не наклонением головы — нет, в её сокрушительных глазах выразился этот знак таким тонким незаметным выражением, что никто не мог его видеть, но он видел, он понял его. Танец длился долго; утомлённая музыка, казалось, вовсе погасала и замирала, и опять вырывалась, визжала и гремела: наконец — конец! Она села, грудь её воздымалась под тонким дымом газа; рука её (создатель, какая чудесная рука!) упала на колени, сжала под собою её воздушное платье, и платье под нею, казалось, стало дышать музыкою, и тонкий сиреневый цвет его ещё виднее означил яркую белизну этой прекрасной руки. Коснуться бы только её — и ничего больше! Никаких других желаний — они все дерзки... Он стоял у ней за стулом, не смея говорить, не смея дышать.

— Вам было скучно? — произнесла она. — Я также скучала. Я замечаю, что вы меня ненавидите... — прибавила она, потупив свои длинные ресницы.

«Вас ненавидеть! мне? я...» хотел было произнесть[81] совершенно потерявшийся Пискарёв и наговорил бы, верно, кучу самых несвязных слов, но в это время подошёл камергер с острыми и приятными замечаниями, с прекрасным завитым на голове хохлом. Он довольно приятно показывал ряд довольно недурных зубов и каждою остротою своею вбивал острый гвоздь в его сердце. Наконец кто-то из посторонних, к счастию, обратился к камергеру с каким-то вопросом.

— Как это несносно! — сказала она, подняв на него свои небесные глаза. — Я сяду на другом конце зала: будьте там!

Она проскользнула между толпою и исчезла. Он как помешанный растолкал толпу и был уже там.

Так, это она! она сидела, как царица, всех лучше, всех прекраснее, и искала его глазами.

— Вы здесь, — произнесла она тихо. — Я буду откровенна перед вами: вам, верно, странно показались обстоятельства нашей встречи. Неужели вы думаете, что я могу принадлежать к тому презренному классу творений, в котором вы встретили меня? Вам кажутся странными мои поступки, но я вам открою тайну: будете ли вы в состоянии, — произнесла он, устремив пристально на его глаза свои, — никогда не изменить ей?

— О, буду! буду! буду!..

Но в это время подошёл довольно пожилой человек, заговорил с ней на каком-то непонятном для Пискарёва языке и подал ей руку. Она умоляющим взглядом посмотрела на Пискарёва и дала знак остаться на своём месте и ожидать её прихода, но в припадке нетерпения он не в силах был слушать никаких приказаний[82] даже из её уст. Он отправился вслед за нею; но толпа разделила их. Он уже не видел сиреневого платья; с беспокойством проходил он из комнаты в комнату и толкал без милосердия всех встречных,[83] но во всех комнатах всё сидели тузы за вистом, погружённые в мёртвое молчание. В одном углу комнаты спорило несколько пожилых людей о преимуществе военной службы перед статскою; в другом люди в превосходных фраках бросали лёгкие замечания о многотомных трудах поэта-труженика.[84] Пискарёв чувствовал, что один пожилой человек с почтенною наружностью схватил за пуговицу его фрака и представлял на его суждение одно весьма справедливое своё замечание, но он грубо оттолкнул его, даже не заметивши, что у него на шее был довольно значительный орден. Он перебежал в другую комнату — и там нет её. В третью — тоже нет. «Где же она? дайте её мне! о, я не могу жить, не взглянувши на неё! мне хочется

18

выслушать, что она хотела сказать», — но все поиски его оставались тщетными. Беспокойный, утомлённый, он прижался к углу и смотрел на толпу; но напряжённые глаза его начали представлять всё в каком-то неясном виде. Наконец ему начали явственно показываться стены его комнаты. Он поднял глаза; перед ним стоял подсвечник с огнём, почти потухшим в глубине его; вся свеча истаяла; сало было налито на столе его.

Так это он спал! Боже, какой сон! И зачем было просыпаться? зачем было одной минуты не подождать:[85] она бы, верно, опять явилась! Досадный свет неприятным своим тусклым сиянием глядел в его окна. Комната в таком сером, таком мутном беспорядке... О. как отвратительна действительность! Что она против мечты? Он разделся наскоро и лёг в постель, закутавшись одеялом, желая на миг призвать улетевшее сновидение. Сон, точно,[86] не замедлил к нему явиться, но представлял ему вовсе не то, что бы желал он видеть: то поручик Пирогов являлся с трубкою, то академический сторож,[87] то действительный статский советник,[88] то голова чухонки, с которой он когда-то рисовал портрет, и тому подобная чепуха.

До самого полудня пролежал он в постели, желая заснуть; но она не являлась. Хотя бы на минуту показала прекрасные черты свои, хотя бы на минуту зашумела её лёгкая походка, хотя бы её обнажённая, яркая, как заоблачный[89] снег, рука мелькнула перед ним.

Всё откинувши, всё позабывши, сидел он с сокрушённым, с безнадёжным видом, полный только одного сновидения. Ни к чему не думал он притронуться; глаза его без всякого участия, без всякой жизни глядели в окно, обращённое в двор, где грязный водовоз лил воду, мёрзнувшую на воздухе, и козлиный голос разносчика дребезжал: «Старого платья продать». Всё дневное и действительное странно поражало его слух. Так просидел он до самого вечера и с жадностью бросился в постель. Долго боролся он с бессонницей, наконец пересилил её. Опять какой-то сон, какой-то пошлый, гадкий сон. «Боже, умилосердись:[90] хотя на минýту, хотя́ на однý минýту покажи́ её!» Он опя́ть ожидáл вéчера, опя́ть заснýл, опя́ть сни́лся какóй-то чинóвник, котóрый был вмéсте и чинóвник и фагóт. О! э́то нестерпи́мо! Наконéц онá яви́лась! её голóвка и лóконы... онá гляди́т... О, как ненадóлго! опя́ть тумáн, опя́ть какóе-то глýпое сновидéние.

Наконéц сновидéния сдéлались егó жи́знию, и с э́того врéмени вся жизнь егó приняла́ стрáнный оборóт: он, мóжно сказáть, спал наявý и бóдрствовал во сне. Éсли бы егó ктó-нибудь ви́дел сидя́щим безмóлвно пéред пусты́м столóм и́ли шéдшим по ýлице, то, вéрно бы, при́нял егó за лунáтика и́ли разрýшенного крéпкими напи́тками;[91] взгляд егó был вóвсе без вся́кого значéния, прирóдная рассéянность наконéц развила́сь и власти́тельно изгоня́ла на лицé егó все чýвства, все движéния. Он оживля́лся тóлько при наступлéнии нóчи.

Такóе состоя́ние расстрóило егó си́лы, и сáмым ужáсным мучéнием бы́ло для негó то, что наконéц сон нáчал егó оставля́ть вóвсе. Желáя спасти́ э́то еди́нственное своё богáтство, он употребля́л все срéдства восстанови́ть егó. Он слы́шал, что есть срéдство восстанови́ть сон — для э́того нýжно приня́ть тóлько óпиум. Но где достáть э́того опиýма? Он вспóмнил про одногó персия́нина, содержáвшего магази́н шáлей, котóрый всегдá почти́, когдá ни встречáл егó, проси́л нарисовáть емý красáвицу. Он реши́лся отпрáвиться к немý, предполагáя, что у негó, без сомнéния, есть э́тот óпиум. Персия́нин при́нял егó, си́дя на дивáне и поджáвши по себя́ нóги.[92]

— На что тебé óпиум? — спроси́л он егó.

Пискарёв рассказáл емý про свою́ бессóнницу.

— Хорошó, я дам тебé óпиуму, тóлько нарисýй мне красáвицу. Чтоб хорóшая была́ красáвица! чтобы брóви бы́ли чёрные и óчи больши́е, как масли́ны; а я самá чтóбы лежáла вóзле неё и кури́ла трýбку![93] слы́шишь? чтóбы хорóшая была́! чтóбы была́ красáвица!

Пискарёв обещáл всё. Персия́нин на минýту вы́шел и возврати́лся с бáночкою, напóлненною тёмною жи́дкостью, бéрежно отли́л часть её в другýю бáночку и дал Пискарёву с наставлением употреблять не больше чем по семи капель в воде. С жадностию схватил он эту драгоценную баночку, которую он не отдал бы за груду золота, и опрометью побежал домой.

Пришедши[94] домой, он отлил несколько капель в стакан с водою и, проглотив, завалился спать.

Боже, какая радость! Она! опять она! но уже совершенно в другом виде. О, как хорошо сидит она у окна деревенского светлого домика! наряд её дышит такою простотою, в какую только облекается мысль поэта. Причёска на голове её... Создатель, как проста эта причёска и как она идёт к ней! Коротенькая косынка была слегка накинута на стройной её шейке; всё в ней скромно, всё в ней — тайное, неизъяснимое чувство вкуса. Как мила её грациозная походка! как музыкален шум её шагов и простенького платья! как хороша рука её, стиснутая волосяным браслетом! Она говорит ему со слезою на глазах: «Не презирайте меня: я вовсе не та, за которую вы принимаете меня. Взгляните на меня, взгляните пристальнее и скажите: разве я способна к тому, что вы думаете?» — «О! нет, нет! пусть тот, кто осмелится подумать, пусть тот...» Но он проснулся, растроганный, растерзанный, с слезами на глазах. «Лучше бы ты вовсе не существовала! не жила в мире, а была бы создание вдохновенного художника! Я бы не отходил от холста, я бы вечно глядел на тебя и целовал бы тебя. Я бы жил и дышал тобою, как прекраснейшею мечтою, и я бы был тогда счастлив. Никаких бы желаний не простирал далее.[95] Я бы призывал тебя, как ангела-хранителя, пред сном и бдением, и тебя бы ждал я, когда бы случилось изобразить божественное и святое. Но теперь... какая ужасная жизнь! Что пользы в том, что она живёт?[96] Разве жизнь сумасшедшего приятна его родственникам и друзьям, некогда его любившим? Боже, что за жизнь наша! вечный раздор мечты с существенностью!» Почти такие мысли занимали его беспрестанно. Ни о чём он не думал, даже почти ничего не ел и с нетерпением, со страстию любовника ожидал вечера и желанного видения. Беспрестанное устремление мыслей к одному наконец взяло такую власть над всем бытием его и воображением, что желанный образ являлся ему почти каждый день, всегда в положении противуположном[97] действительности, потому что мысли его были совершенно чисты, как мысли ребёнка. Чрез эти сновидения самый предмет как-то более делался чистым и вовсе преображался.

Приёмы опиума ещё более раскалили его мысли, и если был когда-нибудь влюблённый[98] до последнего градуса безумия, стремительно, ужасно, разрушительно, мятежно, то этот несчастный был он.

Из всех сновидений одно было радостнее для него всех: ему представилась его мастерская, он так был весел, с таким наслаждением сидел с палитрою в руках! И она тут же. Она была уже его женою. Она сидела возле него, облокотившись прелестным локотком своим на спинку его стула, и смотрела на его работу. В её глазах, томных, усталых, написано было бремя блаженства; всё в комнате его дышало раем; было так светло, так убрано. Создатель! она склонила к нему на грудь прелестную свою головку... Лучшего сна он ещё никогда не видывал. Он встал после него как-то свежее и менее рассеянный, нежели прежде. В голове его родились странные мысли. «Может быть, — думал он, — она вовлечена каким-нибудь невольным ужасным случаем в разврат; может быть, она желала бы сама вырваться из ужасного состояния своего. И неужели равнодушно допустить её гибель, и притом тогда, когда только стоит подать руку, чтобы спасти её от потопления?» Мысли его простирались ещё далее. «Меня никто не знает, — говорил он сам себе, — да и кому какое до меня дело, да и мне тоже нет до них дела.[99] Если она изъявит чистой раскаяние и переменит жизнь свою, я женюсь тогда на ней. Я должен на ней жениться и ,верно, сделаю   гораздо лучше, нежели многие, которые женятся на своих ключницах и даже часто на самых презренных тварях. Но мой подвиг будет бескорыстен и может быть даже великим. Я возвращу миру прекраснейший его украшение».

Составивши такой легкомысленный план, он почувствовал краску, вспыхнувшую на его лице; он подошёл к зеркалу и испугался сам впалых щёк и бледности своего лица. Тщательно начал он принаряжаться; приумылся, пригладил волоса, надел новый фрак, щегольской жилет, набросил плащ и вышел на улицу. Он дохнул свежим воздухом и почувствовал свежесть на сердце, как выздоравливающий, решивший выйти в первый раз после продолжительной болезни. Сердце его билось, когда он подходил к той улице, на которой нога его не была со времени роковой встречи.

Долго он искал дома; казалось, память ему изменила. Он два раза прошёл улицу и не знал, перед которым остановиться. наконец один показался ему похожим. Он быстро взбежал на лестницу, постучал в дверь: дверь отворилась, и кто же вышел к нему навстречу? Его идеал, его таинственный образ, оригинал мечтательных картин, та, которою он жил, так ужасно, так страдательно, так сладко жил. Она сама стояла перед ним: он затрепетал; он едва мог удержаться на ногах от слабости, обхваченный порывом радости. Она стояла перед ним так же прекрасна, хотя глаза её были заспаны, хотя бледность кралась на лице её, уже не так свежем, но она всё была прекрасна.

— А! — вскрикнула она, увидевши Пискарёва и протирая глаза свои (тогда было уже два часа). — Зачем вы убежали тогда от нас?

Он в изнеможении сел на стул и глядел на неё.

— А я только что теперь проснулась; меня привезли в семь часов утра. Я была совсем   пьяна, — прибавила она с улыбкою.

О, лучше бы ты была нема и лишена вовсе языка, чем произносить такие речи! Она вдруг показала ему, как в панораме, всю жизнь её. Однако ж, несмотря на это, скрепившись сердцем,[100] решился попробовать он, не будут ли иметь над нею действия его увещания. Собравшись с духом,[101] он дрожащим и вместе пламенным голосом начал представлять ей ужасной её положение. Она слушала его с внимательным видом и с тем чувством удивления, которое мы изъявляем при виде чего-нибудь неожиданного и странного. Она взглянула, легко улыбнувшись, на сидевшую в углу свою приятельницу, которая, оставивши вычищать гребешок, тоже слушала со вниманием нового проповедника.

— Правда, я беден, — сказал наконец после долгого и поучительного увещания Пискарёв, — но мы станем трудиться; мы постараемся наперерыв, один перед другим, улучшить нашу жизнь. Нет ничего приятнее, как быть обязану во всём самому себе.[102] Я буду сидеть за картинами, ты будешь, сидя возле меня, одушевлять мой труды, вышивать или заниматься другим рукоделием, и мы ни в чём не будем иметь недостатка.

— Как можно! — прервала она речь с выражением какого-то презрения. — Я не прачка и не швея, чтобы заниматься работою.

Боже! в этих словах выразилась вся низкая, вся презренная жизнь, — жизнь, исполненная пустоты и праздности, верных спутников разврата.

— Женитесь на мне! — подхватила с наглым видом молчавшая дотоле в углу её приятельница. — Если я буду женою, я буду сидеть вот как!

При этом она сделала какую-то глупую мину на жалком лице своём, которою чрезвычайно рассмешила красавицу.

О, это уже слишком! этого нет сил перенести.[103] Он бросился вон, потерявши чувства и мысли. Ум его помутился: глупо, без цели, не видя ничего, не слыша, не чувствуя, бродил он весь день. Никто не мог знать, ночевал он где-нибудь или нет; на другой только день каким-то глупым инстинктом зашёл он на свою квартиру, бледный, с ужасным видом, с растрёпанными волосами, с признаками безумия на лице. Он заперся в свою комнату и никого не впускал, ничего не требовал. Протекли четыре дня, и его запертая комната ни разу не отворялась; наконец прошла неделя, и комната всё так же была заперта. Бросились к дверям, начали звать его, но никакого не было ответа; наконец выломали дверь и нашли бездыханный труп его с перерезанным горлом. Окровавленная бритва валялась на полу́. По су́дорожно раски́нутым рука́м и по стра́шно иска́жённому ви́ду мо́жно бы́ло заключи́ть, что рука́ его́ была́ неверна́ и что он до́лго ещё мучи́лся, пре́жде не́жели гре́шная душа́ его́ оста́вила те́ло.

Так поги́б, же́ртва безу́мной стра́сти, бе́дный Пискарёв, ти́хий, ро́бкий, скро́мный, де́тски простоду́шный, носи́вший в себе́ и́скру тала́нта, быть мо́жет со вре́менем бы вспы́хнувшего широко́ и я́рко. никто́ не попла́кал над ним; никого́ не ви́дно бы́ло[104] во́зле его́ безду́шного тру́па, кро́ме обыкнове́нной фигу́ры кварта́льного надзира́теля[105] и равноду́шной ми́ны городово́го ле́каря. Гроб его́ ти́хо, да́же без обря́дов рели́гии, повезли́ на О́хту;[106] за ним иду́чи, пла́кал оди́н то́лько солда́т-сто́рож,[107] и то потому́, что вы́пил ли́шний штоф во́дки. Да́же пору́чик Пирого́в не пришёл посмотре́ть на труп несча́стного бедняка́, кото́рому он при жи́зни ока́зывал своё высо́кое покрови́тельство. Впро́чем, ему́ бы́ло во́все не до того́: он был за́нят чрезвыча́йным происше́ствием. Но обрати́мся к нему́.

Я не люблю́ тру́пов и поко́йников, и мне всегда́ неприя́тно, когда́ перехо́дит мою́ доро́гу дли́нная погреба́льная проце́ссия и инвали́дный солда́т,[108] оде́тый каки́м-то капуци́ном, ню́хает ле́вою руко́ю таба́к, потому́ что пра́вая занята́ фа́келом. Я всегда́ чу́вствую на душе́ доса́ду при ви́де бога́того катафа́лка и ба́рхатного гро́ба; но доса́да моя́ сме́шивается с гру́стью, когда́ я ви́жу, как ломово́й изво́зчик[109] та́щит кра́сный, ниче́м не покры́тый гроб бедняка́ и то́лько одна́ кака́я-нибудь ни́щая, встре́тившись на перекрёстке, плетётся за ним, не име́я друго́го де́ла.

Мы, ка́жется, оста́вили пору́чика Пирого́ва на том, как он расста́лся с бе́дным Пискарёвым и устреми́лся за блонди́нкою. Э́та блонди́нка была́ ле́генькое, дово́льно интере́сное созда́ньице.[110] Она́ остана́вливалась пе́ред ка́ждым магази́ном и загля́дывалась на вы́ставленный в о́кнах кушаки́, косы́ньки, се́рьги, перча́тки и други́е безделу́шки, беспреста́нно верте́лась, глазе́ла во все сто́роны и огля́дывалась наза́д. «Ты, голу́бушка,[111] моя́!» — говори́л с самоуве́ренностью Пирого́в, продолжа́я своё пресле́дование и закутавши лицо своё воротником шинели, чтобы не встретить кого-нибудь из знакомых. Но не мешает известить читателей, кто таков был поручик Пирогов.

Но прежде нежели мы скажем, кто таков был поручик Пирогов, не мешает кое-что рассказать о том обществе, к которому принадлежал Пирогов. Есть офицеры, составляющие в Петербурге какой-то средний класс общества. На вечере, на обеде у статского советника[112] или у действительного статского,[113] который выслужил[114] этот чин сороколетними трудами, вы всегда найдёте одного из них. Несколько бледных, совершенно бесцветных, как Петербург, дочерей, из которых иные перезрели, чайный столик, фортепиано, домашние танцы — всё это бывает нераздельно с светлым эполетом, который блещет при лампе, между благонравной блондинкой и чёрным фраком братца или домашнего знакомого. Этих хладнокровных девиц чрезвычайно трудно расшевелить и заставить смеяться; для этого нужно большое искусство или, лучше сказать, совсем не иметь никакого искусства. Нужно говорить так, чтобы не было ни слишком умно, ни слишком смешно, чтобы во всём была та мелочь,[115] которую любят женщины. В этом надобно отдать справедливость означенным господам. Они имеют особенный дар заставлять смеяться и слушать этих бесцветных красавиц. Восклицания, задушаемые смехом: «Ах, перестаньте! не стыдно ли вам так смешить!» — бывают им часто лучшею наградою. В высшем классе они попадаются очень редко или, лучше сказать, никогда. Оттуда они совершенно вытеснены тем, что называют в этом обществе аристократами; впрочем, они считаются учёными и воспитанными людьми. Они любят потолковать об литературе; хвалят Булгарина, Пушкина и Греча[116] и говорят с презрением и остроумными колкостями об А.А. Орлове.[117] Они не пропускают ни одной публичной лекции, будь она о бухгалтерии[118] или даже о лесоводстве. В театре, какая бы ни была пьеса, вы всегда найдёте одного из них, выключая разве если уже играются какие-нибудь «Филатки»,[119] которыми очень оскорбляется их разборчивый вкус. В теа́тре они́ бессме́нно. Э́то са́мые вы́годные лю́ди для театра́льной дире́кции. Они́ осо́бенно лю́бят в пье́се хоро́шие стихи́, та́кже о́чень лю́бят гро́мко вызыва́ть актёров; мно́гие из них, преподава́я в казённых заведе́ниях и́ли приготовля́я к казённым заведе́ниям, заво́дятся наконе́ц кабриоле́том и па́рою лошаде́й. Тогда́ круг их стано́вится обши́рнее; они́ достига́ют наконе́ц до того́, что же́нятся на купе́ческой до́чери, уме́ющей игра́ть на фортепиа́но, с со́тнею ты́сяч и́ли о́коло того́ нали́чных и ку́чею брада́той родни́. Одна́ко ж э́той че́сти они́ не пре́жде мо́гут дости́гнуть, как вы́служивши по кра́йней ме́ре до полко́вничьего чи́на. Потому́ что ру́сские боро́дки, несмотря́ на то, что от них ещё не́сколько отзыва́ется капу́стою,[120] никаки́м о́бразом не хотя́т ви́деть дочере́й свои́х ни за ке́м,[121] кро́ме генера́лов и́ли по кра́йней ме́ре полко́вников. Таковы́ гла́вные черты́ э́того со́рта молоды́х люде́й. Но пору́чик Пирого́в име́л мно́жество тала́нтов, со́бственно ему́ принадлежа́вших. Он превосхо́дно деклами́ровал стихи́ из «Дими́трия Донско́го» и «Го́ре от ума́»,[122] име́л осо́бенное иску́сство пуска́ть из тру́бки дым ко́льцами так уда́чно, что вдруг мог наниза́ть их о́коло десяти́ одно́ на друго́е. Уме́л о́чень прия́тно рассказа́ть анекдо́т о том, что пу́шка сама́ по себе́, а единоро́г сам по себе́.[123] Впро́чем, оно́ не́сколько тру́дно перече́сть все тала́нты, кото́рыми судьба́ награди́ла Пирого́ва. Он люби́л поговори́ть об актри́се и танцо́вщице, но уже́ не так ре́зко, как обыкнове́нно изъясня́ется об э́том предме́те молодо́й пра́порщик. Он был о́чень дово́лен свои́м чи́ном, в кото́рый был произведён неда́вно, и хотя́ иногда́, ложа́сь на дива́н, он говори́л: «Ох, ох! суета́, всё суета́! что из э́того, что я пору́чик?» — но вта́йне его́ о́чень льсти́ло э́то но́вое досто́инство; он в разгово́ре ча́сто стара́лся намекну́ть о нём обиняко́м, и оди́н раз, когда́ попа́лся ему́ на у́лице како́й-то писа́рь,[124] показа́вшийся ему́ неве́жливым, он неме́дленно останови́л его́ и в немно́гих, но ре́зких слова́х дал заме́тить ему́, что пе́ред ним стоя́л пору́чик, а не друго́й како́й офице́р. Тем бо́лее стара́лся он изложи́ть э́то красноречи́вее, что тогда́ проходи́ли ми́мо его́ две весьма́ недурны́е да́мы.

Пирогóв вообщé покáзывал страсть ко всемý изя́щному и поощря́л худóжника Пискарёва; впрóчем, э́то происходи́ло, мóжет быть, оттогó, что емý весьмá желáлось ви́деть[125] мýжественную физионóмию свою́ на портрéте. Но довóльно о кáчествах Пирогóва. Человéк такóе ди́вное существó, что никогдá не мóжно исчи́слить вдруг всех егó достóинств, и чем бóлее в негó всмáтриваешься, тем бóлее явля́ется нóвых осóбенностей, и описáние их бы́ло бы бесконéчно.

Итак, Пирогóв не переставáл преслéдовать незнакóмку, от врéмени до врéмени занимáя её вопрóсами, на котóрые онá отвечáла рéзко, отры́висто и каки́ми-то нея́сными звýками. Они́ вошли́ тёмными Казáнскими ворóтами[126] в Мещáнскую ýлицу,[127] ýлицу табáчных и мéлочных лáвок, нéмцев-ремéсленников[128] и чухóнских нимф. Блонди́нка бежáла скорéе и впорхнýла в ворóта одногó довóльного запáчканного дóма. Пирогóв — за нéю. Онá взбежáла по ýзенькой тёмной лéстнице и вошлá в дверь, в котóрую тóже смéло пробрáлся Пирогóв. Он уви́дел себя́ в большóй кóмнате с чёрными стенáми, с закопчённым потолкóм. Кýча желéзных винтóв, слесáрных инструмéнтов, блестя́щих кофéйников и подсвéчников былá на столé; пол был засорён мéдными и желéзными опи́лками. Пирогóв тóтчас смекнýл, что э́то былá квари́та мастеровóго. Незнакóмка порхнýла дáлее в боковýю дверь. Он бы́ло на минýту задýмался,[129] но, слéдуя рýсскому прáвилу, реши́лся идти́ вперёд. Он вошёл в кóмнату, вóвсе не похóжую на пéрвую, ýбранную óчень опря́тно, покáзывавшую, что хозя́ин был нéмец. Он был поражён необыкновéнно стрáнным ви́дом.

Пéред ним сидéл Ши́ллер, — не тот Ши́ллер, котóрый написáл «Вильгéльма Тéлля» и «Истóрию Тридатилéтней войны́»,[130] но извéстный Ши́ллер, жестяны́х дел мáстер[131] в Мещáнской ýлице. Вóзле Ши́ллера стоя́л Гóфман, — не писáтель Гóфман,[132] но довóльно хорóший сапóжник с Офицéрской ýлицы,[133] большóй прия́тель Ши́ллера. Ши́ллер был пьян и сидéл на стýле, тóпая ногóю и говоря́ чтó-то с жáром. Всё э́то ещё бы не удиви́ло Пирогóва, но удиви́ло егó чрезвыча́йно стра́нное положе́ние фигу́р. Ши́ллер сиде́л, вы́ставив свой дово́льно то́лстый нос и подня́вши вверх го́лову; а Го́фман держа́л его́ за э́тот нос двумя́ па́льцами и верте́л ле́звием своего́ сапо́жнического ножа́ на са́мой его́ пове́рхности. О́бе осо́бы говори́ли на неме́цком языке́, и потому́ пору́чик Пирого́в, кото́рый знал по-неме́цки то́лько «Гут мо́рген»,[134] ничего́ не мог поня́ть из всей э́той исто́рии. Впро́чем, слова́ Ши́ллера заключи́лись вот в чём.

«Я не хочу́, мне не ну́жен нос! — говори́л он, разма́хивая рука́ми. — У меня́ на оди́н нос выхо́дит три фу́нта табаку́ в ме́сяц.[135] И я плачу́ в ру́сский скве́рный магази́н, потому́ что неме́цкий магази́н не де́ржит ру́сского табаку́, я плачу́ в ру́сский скве́рный магази́н за ка́ждый фунт по со́рок копе́ек; э́то бу́дет рубль два́дцать копе́ек; двена́дцать раз рубль два́дцать копе́ек — э́то бу́дет четы́рнадцать рубле́й со́рок копе́ек! Да по пра́здникам я ню́хаю рапе́, потому́ что я не хочу́ ню́хать по пра́здникам ру́сский скве́рный таба́к. В год я ню́хаю два фу́нта рапе́, по два рубля́ фунт. Шесть да четы́рнадцать — два́дцать рубле́й со́рок копе́ек на оди́н таба́к. Э́то разбо́й! Я спра́шиваю тебя́, мой друг Го́фман, не так ли? — Го́фман, кото́рый сам был пьян, отвеча́л утверди́тельно: — Два́дцать рубле́й со́рок копе́ек! Я шва́бский[136] не́мец; у меня́ есть коро́ль в Герма́нии. Я не хочу́ но́са! режь мне нос! вот мой нос!»

И е́сли бы не внеза́пное появле́ние пору́чика Пирого́ва, то, без вся́кого сомне́ния, Го́фман отре́зал бы ни за что́ ни про что[137] Ши́ллеру нос, потому́ что он уже́ привёл нож свой в тако́е положе́ние, как бы хоте́л кро́ить подо́шву.

Ши́ллеру показа́лось о́чень доса́дно, что вдруг незнако́мое, непро́шеное лицо́ так некста́ти ему́ помеша́ло. Он, несмотря́ на то что был в упои́тельном чаду́ пи́ва и вина́, чу́вствовал, что не́сколько неприли́чно в тако́м ви́де и при тако́м де́йствии находи́ться в прису́тствии посторо́ннего свиде́теля. Ме́жду тем Пирого́в слегка́ наклони́лся и с сво́йственною ему́ прия́тностию сказа́л:

— Вы извини́те меня́…

— Пошёл вон![138] — отвеча́л протя́жно Ши́ллер.

Это озадачило поручика Пирогова. Такое обращение ему было совершенно ново. Улыбка, слегка было показавшаяся[139] на его лице, вдруг пропала. С чувством огорчённого достоинства он сказал:

— Мне странно, милостивый государь...[140]вы, верно, не заметили... я офицер...

— Что такое офицер! Я — швабский немец. Мой сам (при этом Шиллер ударил кулаком по столу) будет офицер:[141] полтора года юнкер, два года поручик, и я завтра сейчас офицер. Но я хочу служить. Я с офицером сделает этак: фу! — при этом Шиллер подставил ладонь и фукнул на неё.

Поручик Пирогов увидел, что ему больше ничего не оставалось, как только удалиться; однако ж такое обхождение, вовсе не приличное его званию, ему было неприятно. Он несколько раз останавливался на лестнице, как бы желая собраться с духом и подумать о том, каким бы образом дать почувствовать Шиллеру его дерзость. Наконец рассудил, что Шиллера можно извинить, потому что голова его была наполнена пивом; к тому же представилась ему хорошенькая блондинка, и он решился предать это забвению. На другой день поручик Пирогов рано поутру явился в мастерской жестяных дел мастера. В передней комнате встретила его хорошенькая блондинка и довольно суровым голосом, который очень шёл к её личику, спросила:

— Что вам угодно?

— А, здравствуйте, моя миленькая! вы меня не узнали? плутовочка, какие хорошенькие глазки! — при этом поручик Пирогов хотел очень мило поднять пальцем её подбородок.

Но блондинка произнесла пугливое восклицание и с тою же суровостию спросила:

— Что вам угодно?

— Вас видеть, больше ничего мне не угодно, — произнёс поручик Пирогов, довольно приятно улыбаясь и подступая ближе; но, заметив, что пугливая блондинка хотела проскользнуть в дверь, прибавил: — Мне нужно, моя миленькая, заказать шпоры. Вы можете мне сделать шпоры? хотя для того, чтобы любить вас, вовсе не нужно шпор, а скорее бы уздечку. Какие миленькие ручки!

Поручик Пирогóв всегдá бывáл óчень любéзен в изъяснéниях подóбного рóда.

— Я сейчáс позовý моегó мýжа, — вскрúкнула нéмка и ушлá, и чрез нéсколько минýт Пирогóв увúдел Шúллера, выходúвшего с зáспанными глазáми, едвá очнýвшегося от вчерáшнего похмéлья.[142] Взглянýвши на офицéра, он припóмнил, как в смýтном сне, происшéствие вчерáшнего дня. Он ничегó не пóмнил в такóм вúде, в какóм было, но чýвствовал, что сдéлал какýю-то глýпость, и потомý прúнял офицéра с óчень сурóвым вúдом.

— Я за шпóры не могý взять мéньше пятнáдцати рублéй, — произнёс он, желáя отдéлаться от Пирогóва, потомý что емý, как чéстному нéмцу, óчень сóвестно бы́ло[143] смотрéть на тогó, кто вúдел егó в неприлúчном положéнии. Шúллер любúл пить совершéнно без свидéтелей, с двумя́, тремя́ прия́телями, и запирáлся на э́то врéмя дáже от своúх рабóтников.

— Зачéм же так дóрого? — лáсково сказáл Пирогóв.

— Немéцкая рабóта, — хладнокрóвно произнёс Шúллер, поглáживая подборóдок. — Рýсский возьмётся сдéлать за два рубля́.

— Извóльте, чтобы доказáть, что я вас люблю́ и желáю с вáми познакóмиться, я плачý пятнáдцать рублéй.

Шúллер минýту оставáлся в размышлéнии: емý, как чéстному нéмцу, сдéлалось немнóго сóвестно. Желáя сам отклонúть егó от закáзывания, он объявúл, что рáньше двух недéль не мóжет сдéлать. Но Пирогóв без вся́кого прекослóвия изъявúл совершéнное соглáсие.

Нéмец задýмался и стал размышля́ть о том, как бы лýчше сдéлать свою́ рабóту, чтобы онá действúтельно стóила пятнáдцать рублéй. В э́то врéмя блондúнка вошлá в мастерскýю и началá ры́ться на столé, устáвленная кофéйниками. Поручик воспóльзовался задýмчивостию Шúллера, подступúл к ней и пожáл рýчку, обнажённую до сáмого плечá. Э́то Шúллеру óчень не понрáвилось.

— Мейн фрáу![144] — закричáл он.

— Вас вóлен зи дох?[145] — отвечáла блондúнка.

— Гéнзи на кýхня![146]

Блонди́нка удали́лась.

— Так че́рез две неде́ли? — сказа́л Пирого́в.

— Да, че́рез две неде́ли, — отвеча́л в размышле́нии Ши́ллер, — у меня́ тепе́рь о́чень мно́го рабо́ты.

— До свида́ния! я к вам зайду́.

— До свида́ния, - отвеча́л Ши́ллер, запира́я за ним дверь.

Пору́чик Пирого́в реши́лся не оставля́ть свои́х иска́ний. несмотря́ на то что не́мка оказа́ла я́вный отпо́р.[147] Он не мог поня́ть, чтобы мо́жно бы́ло ему́ проти́виться, тем бо́лее что любе́зность его́ и блестя́щий чин дава́ли по́лное пра́во на внима́ние. На́добно, одна́ко же, сказа́ть и то, что жена́ Ши́ллера, при всей милови́дности свое́й, была́ о́чень глупа́. Впро́чем, глу́пость составля́ет осо́бенную пре́лесть в хоро́шенькой жене́. По кра́йней ме́ре я знал мно́го муже́й, кото́рые в восто́рге от глу́пости свои́х жён и ви́дят в ней все при́знаки младе́нческой неви́нности. Красота́ произво́дит соверше́нные чудеса́. Все душе́вные недоста́тки в краса́вице, вме́сто того́ чтобы произвести́ отвраще́ние, стано́вятся ка́к-то необыкнове́нно привлека́тельны; са́мый поро́к ды́шит в них милови́дностью; но исче́зни она́[148] — и же́нщине ну́жно быть в два́дцать раз умне́е мужчи́ны, чтобы внуши́ть к себе́ е́сли не любо́вь, то по кра́йней ме́ре уваже́ние. Впро́чем, жена́ Ши́ллера, при всей глу́пости, была́ всегда́ верна́ свое́й обя́занности, и потому́ Пирого́ву дово́льно тру́дно бы́ло успе́ть в сме́лом своём предприя́тии; но с побе́дою препя́тствий всегда́ соединя́ется наслажде́ние, и блонди́нка станови́лась для него́ интере́снее день о́то дня. Он на́чал дово́льно ча́сто осведомля́ться о шпо́рах, так что Ши́ллеру э́то наконе́ц наску́чило.[149] Он употребля́л все уси́лия, чтобы око́нчить скоре́е на́чатые шпо́ры; наконе́ц шпо́ры бы́ли гото́вы.

— Ах, кака́я отли́чная рабо́та! — закрича́л пору́чик Пирого́в, уви́девши шпо́ры. — Го́споди,[150] как э́то хорошо́ сде́лано! У на́шего генера́ла нет э́таких шпор.

Чу́вство самодово́льствия[151] распусти́лось по душе́ Ши́ллера. Глаза́ его́ на́чали гляде́ть дово́льно ве́село, и он совершённо примирился с Пироговым. «Русский офицер — умный человек», думал он сам про себя.

— Так вы, стало быть, можете сделать и оправу, например к кинжалу или другим вещам?

— О, очень могу, — сказал Шиллер с улыбкою.

— Так сделайте мне оправу к кинжалу. Я вам принесу; у меня очень хороший турецкий кинжал, но мне бы хотелось оправу к нему сделать другую.

Шиллера это как бомбою хватило.[152] Лоб его вдруг наморщился. «Вот тебе на![153]» — подумал он про себя, внутренно ругая себя за то, что накликал сам работу. Отказаться он почитал уже бесчестным, притом же русский офицер похвалил его работу. Он, несколько покачавши головою, изъявил своё согласие; но поцелуй, который, уходя, Пирогов влепил нахально в самые губки хорошенькой блондинки, поверг его в совершённое недоумение.

Я почитаю не излишним познакомить читателя несколько покороче с Шиллером. Шиллер был совершённый немец, в полном смысле всего этого слова. Ещё с двадцатилетнего возраста, с того счастливого времени, в которое русский живёт на фу-фу,[154] уже Шиллер размерил всю свою жизнь и никакого, ни в каком случае, не делал исключения. Он положил вставать[155] в семь часов, обедать в два, быть точным во всём и быть пьяным каждое воскресенье. Он положил себе в течение десяти лет составить капитал из пятидесяти тысяч, и уже это было так верно и неотразимо, как судьба, потому что скорее чиновник позабудет заглянуть в швейцарскую своего начальника, нежели немец решится переменить своё слово. Ни в каком случае не увеличивал он своих издержек, и если цена на картофель слишком поднималась против обыкновенного, он не прибавлял ни одной копейки, но уменьшал только количество, и хотя оставался иногда несколько голодным, но, однако же, привыкал к этому. Аккуратность его простиралась до того, что он положил целовать жену свою в сутки не более двух раз, а чтобы как-нибудь не поцеловать лишний раз, он никогда не клал перцу более одной ложечки в свой суп;

впрочем в воскресный день[156] это правило не так строго исполнялось, потому что Шиллер выпивал тогда две бутылки пива и одну бутылку тминной водки,[157] которую, однако же, он всегда бранил. Пил он вовсе не так, как англичанин, который тотчас после обеда запирает дверь на крючок[158] и нарезывается один. Напротив, он, как немец, пил всегда вдохновенно, или с сапожником Гофманом, или с столяром Кунцом, тоже немцем и большим пьяницей. Таков был характер благородного Шиллера, который наконец был приведён в чрезвычайно затруднительное положение. Хотя он был флегматик и немец, однако ж поступки Пирогова возбудили в нём что-то похожее на ревность. Он ломал голову и не мог придумать, каким образом ему избавиться от этого русского офицера.[159] Между тем Пирогов, куря трубку в кругу своих товарищей, - потому что уже провидение устроило, что где офицеры, там и трубки, — куря трубку в кругу своих товарищей, намекал значительно и с приятною улыбкою об интрижке с хорошенькою немкою, с которою, по словам его, он уже совершенно был накоротке и которую он на самом деле едва ли не терял уже надежды преклонить на свою сторону.

В один день прохаживался он по Мещанской, поглядывая на дом, на котором красовалась вывеска Шиллера с кофейниками и самоварами; к величайшей радости своей, увидел он головку блондинки, свесившуюся в окошко и разглядывавшую прохожих. Он остановился, сделал ей ручкою[160] и сказал: «Гут морген![161]» Блондинка поклонилась ему как знакомому.

— Что, ваш муж дома?

— Дома, — отвечала блондинка.

— А когда он не бывает дома?

— Он по воскресеньям не бывает дома, — сказала глупенькая блондинка.

«Это недурно, — подумал про себя Пирогов, — этим нужно воспользоваться».

И в следующее воскресенье как снег на голову явился пред блондинкою. Шиллера действительно не было дома.

Хорошенькая хозяйка испугалась; но Пирогов поступил на этот раз довольно осторожно, обошёлся очень почтительно и, раскланявшись, показал всю красоту своего гибкого перетянутого стана. Он очень приятно и учтиво шутил, но глупенькая немка отвечала на всё однословными словами. Наконец,   заходивши[162] со всех сторон и видя, что ничто не может занять её, он предложил ей танцевать. Немка согласилась в одну минуту, потому что немки всегда охотницы до танцев. На этом Пирогов очень много основывал свою надежду: во-первых, это уже доставляло ей удовольствие, во-вторых, это могло показать его торнюру и ловкость, в-третьих, в танцах ближе всего можно сойтись, обнять хорошенькую немку и проложить начало всему; короче, он выводил из этого совершенный успех. Он начал какой-то гавот, зная, что немкам нужна постепенность. Хорошенькая немка выступила на средину комнаты и подняла прекрасную ножку. Это положение так восхитило Пирогова, что он бросился её целовать. Немка начала кричать и этим ещё более увеличила свою прелесть в глазах Пирогова; он её засыпал поцелуями. Как вдруг дверь отворилась, и вошёл Шиллер с Гофманом и столяром Кунцом. Все эти достойные ремесленники были пьяны как сапожники.

Но я предоставляю самим читателям судить о гневе и негодовании Шиллера.

— Грубиян! — закричал он в величайшем негодовании, — как ты смеешь целовать мою жену? Ты подлец, а не русский офицер. Чёрт побери,[163] мой друг Гофман, я немец, а не русская свинья!

Гофман отвечал утвердительно.

— О, я не хочу иметь роги![164] бери его, мой друг Гофман, за воротник, я не хочу. — продолжал он, сильно размахивая руками, причём лицо его было похоже на красное сукно его жилета. — Я восемь лет живу в Петербуге, у меня в Швабии[165] мать моя, а дядя мой в Нюренберге;[166] я немец, а не рогатая говядина![167] прочь с него всё,[168] мой друг Гофман! держи его за рука и нога, камрат[169] мой Кунц!

И немцы схватили за руки и ноги Пирогова.

Напрасно силился он отбиваться; эти три ремесленника были самый дюжий народ из всех петербургских немцев и поступили с ним так грубо и невежливо, что, признаюсь, я никак не нахожу слов к изображению этого печального события.

Я уверен, что Шиллер на другой день был в сильной лихорадке, что он дрожал как лист, ожидая с минуты на минуту прихода полиции, что он Бог знает чего бы не дал, чтобы всё происходившее вчера было во сне. Но что уже было, того нельзя переменить. Ничто не могло сравниться с гневом и негодованием Пирогова. Одна мысль об таком ужасном оскорблении приводила его в бешенство. Сибирь и плети[170] он почитал самым малым наказанием для Шиллера. Он летел домой, чтобы, одевшись, оттуда идти прямо к генералу, описать ему самыми разительными красками буйство немецких ремесленников. Он разом хотел подать и письменную просьбу в главный штаб. Если же главный штаб определит недостаточное наказание, тогда прямо в государственный совет,[171] а не то самому государю.[172]

Но всё это как-то странно кончилось: по дороге он зашёл в кондитерскую, съел два слоёных пирожка,[173] прочитал кое-что из «Северной пчелы»[174] и вышел уже не в столь гневном положении. Притом довольно приятный прохладный вечер заставил его несколько пройтись по Невскому проспекту; к девяти часам он успокоился и нашёл, что в воскресенье нехорошо беспокоить генерала, притом он, без сомнения, куда-нибудь отозван, и потому он отправился на вечер к одному правителю контрольной коллегии,[175] где было очень приятное собрание чиновников и офицеров. Там с удовольствием провёл вечер и так отличился в мазурке, что провёл в восторг не только дам, но даже и кавалеров.

«Дивно устроен свет наш! — думал я, идя третьего дня[176] по Невскому проспекту и проводя на память эти два происшествия. — Как странно, как непостижимо играет нами судьба наша! Получаем ли мы когда-нибудь то, чего желаем? Достигаем ли мы того, к чему кажется, нарочно приготóвлены нáши сѝлы? Всё происхóдит наоборóт. Томý судьбá далá прекрáснейших лошадéй, и он равнодýшно катáется на них, вóвсе не замечáя их красотѝ, — тогдá как другóй. котóрого сéрдце горѝт лошадѝною стрáстью,[177] идёт пешкóм и довóлствуется тóлько тем, что пощёлкивает языкóм, когдá мѝмо его провóдят рысакá. Тот имéет отлѝчного пóвара, но, к сожалéнию, такóй мáленький рот, что бóльше двух кусóчков никáк не мóжет пропустѝть; другóй имéет рот величинóю в áрку глáвного штáба,[178] но, увѝ! дóлжен довóлствоваться какѝм-нибудь немéцким обéдом из картóфеля. Как стрáнно игрáет нами судьбá нáша!»

Но странéе всегó происшéствия, случáющиеся на Нéвском проспéкте. О, не вéрьте э́тому Нéвскому проспéкту! Я всегдá закýтываюсь покрéпче плащóм своѝм, когдá идý по нём, и старáюсь вóвсе не глядéть на встречáющиеся предмéты. Всё обмáн, всё мечтá, всё не то, чем кáжется! Вы дýмаете, что э́тот господѝн, котóрый гуляет в отлѝчно сшѝтом сюртучкé, óчень богáт? Ничýть не бывáло: он весь состоѝт из своегó сюртучкá. Вы воображáете, что э́ти два толстякá, остановѝвшиеся пéред стрóящеюся цéрковью,[179] сýдят об архитектýре её? Совсéм нет: онѝ говорят о том, как стрáнно сéли две ворóны однá прóтив другóй. Вы дýмаете, что э́тот энтузиáст, размáхивающий рукáми, говорѝт о том, как женá его брóсила из окнá шáриком[180] в не знакóмого емý вóвсе офицéра? Совсéм нет, он говорѝт о Лафайéте.[181] Вы дýмаете, что э́ти дáмы... но дáмам мéньше всегó вéрьте. Мéнее заглядывайте в óкна магазѝнов: безделýшки, в них вы́ставленные, прекрáсны, но пáхнут стрáшным колѝчеством ассигнáций.[182] Но Бóже вас сохранѝ заглядывать дáмам под шляпки! Как ни развевáйся вдалѝ плащ красáвицы,[183] я ни за что не пойдý за нéю любопы́тствовать. Дáлее, рáди Бóга, дáлее от фонаря! и скорéе, скóлько мóжно скорéе, проходѝте мѝмо. Это счáстье ещё, éсли отдéлаетесь тем, что он зальёт щегольскóй сюртýк ваш воню́чим свойм мáслом. Но и крóме фонаря, всё ды́шит обмáном, Он лжёт во всякое врéмя, э́тот Нéвский проспéкт, но более всего тогда, когда ночь сгущённою массою наляжет на него и отделит белые и палевые стены домов, когда весь город превратится в гром и блеск, мириады карет валятся с мостов, форейторы кричат и прыгают на лошадях и когда сам демон зажигает лампы для того только, чтобы показать всё не в настоящем виде.

NOTES

1. **от роду:** literally 'from birth'.
2. **Морская; Гороховая; Литейная; Мещанская:** streets in Petersburg.
3. **Петербургская часть; Выборгская часть:** districts of Petersburg. The word **сторона** is used today.
4. **Пески:** district of Peterburg.
5. **Московская застава:** 'the Moscow Gate'.
6. **кофий:** 'coffee'. The modern Russian form **кофе** retains the masculine gender of this older variant.
7. **ганимед:** a reference to Ganymede, cup-bearer to the Gods in Greek mythology.
8. **Екатерининский канал:** the Catherine Canal, one of the most famous of the many canals in Petersburg.
9. **гривна; грош:** now obsolete units of currency, worth 10 copecks and half a copeck respectively.
10. **пестрядёвый:** made of **пестрядь**, a coarse, coloured, cotton fabric.
11. **готовыми:** the sense appears to be 'newly made' or 'newly repaired'.
12. **что бы вы на себя ни надели:** 'whatever you put on'.
13. **Джонсы:** 'Joneses'. What French name is represented by **Коки** is more problematical. Kent suggests 'Cocos'.
14. **миссы:** 'Misses'. Many governesses in nineteenth century Russia were British.
15. **чиновников по особенным поручением:** 'officials with special responsibilities'.
16. **иностранная коллегия:** the Foreign Office, one of the 'Colleges' set up by Peter the Great.
17. **единственный:** 'unique'.
18. **носить:** 'wear'.

19.   хоть кого: 'anyone'.

20.   мужеского пола: 'of the male sex'. Modern Russian would require мужского пола.

21.   воздухоплавательный шар: 'balloon'.

22.   адмиралтейский шпиц: the golden spire of the Admiralty building on the banks of the Neva, which stands at the focal point of a number of major streets in the city.

23.   частию: modern Russian requires частью.

24.   титулярный советник; коллежский советник: see Table of Ranks.

25.   коллежский регистратор; коллежский секретарь: see Table of Ranks.

26.   пройтиться; modern Russian requires пройтись.

27.   им не до того, чтобы заниматься рассматриванием прохожих: 'they are not in the mood for examining passers-by'.

28.   ридикуль: the modern spelling is ридикюль (French: ridicule): 'handbag'.

29.   на живую нитку: 'in a hurry'.

30.   низкий: 'humble'.

31.   Полицейский мост: 'Police Bridge', one of the most celebrated in Petersburg.

32.   коллежский регистратор; губернский секретарь; коллежский секретарь; титулярный советник; надворный советник: See Table of Ranks.

33.   кухарки-немки: 'female German cooks'.

34.   нащекатуренный: 'overplastered'. This past participle passive, based on the word щека (cheek), was coined by Gogol by analogy with the word наштукатуренный (from штукатура: 'plaster'). In Gogol's coinage, the prefix denotes excess.

35.   под руку: 'arm in arm'.

36.   Перуджинова Бианка: a picture of the Madonna from the fresco 'The Adoration of the Magi' by Perugino (c. 1450-1523). It takes its name from its location in the chapel of Santa Maria de' Bianchi in Città della Pième in Umbria, Perugino, whose real name was Pietro di Christofani Vannucci, was Raphael's teacher and painted the fresco in 1504.

37.   контура: non-standard plural of контур: 'contour'.

38.   Ступай: 'Clear off!'.

39. По мере приближения: 'as it approached'.

40. по удалении от него: 'as it moved away from it'.

41. неизвестно куда: 'Heaven knows where'.

42. мастеровые немцы: 'German craftsmen'.

43. битых шесть часов: 'a good six hours or thereabouts'.

44. красками: the use of the plural implies that the walls were spattered with paint of more than one colour.

45. пощеголять: the use of the prefix по- gives this verb the sense 'to play the dandy a little'.

46. вниз головой: this expression, normally meaning 'head first', appears to mean that only the head of the nymph is painted and that, for lack of space elsewher, it is painted at the bottom of ' the canvas.

47. Геркулес: 'Hercules'.

48. ему представляется: 'he imagines'.

49. произвесть: modern Russian requires произвести.

50. у ней: modern Russian requires у неё.

51. дыхание занялось: 'his breath faltered'.

52. под такт сердца: 'in time with the beating of his heart'.

53. противупоставить: modern Russian requires противопоставить: 'to place in opposition'.

54. счастия: modern Russian requires счастья.

55. дышущий: 'breathing'. Modern Russian requires дышащий as the present participle active of дышать.

56. фортепианом: this word is indeclinable in modern Russian.

57. беспечный: 'neglected'.

58. без занавес: in modern Russian the form занавеса has been replaced by заневес or занавеска (depending on the size of the curtain).

59. образованностью: Gogol usually, but not always, uses this form of the instrumental singular for nouns of this type rather than the form in -ью used in modern Russian.

60. было начала: 'was about to begin'.

61. притом: 'especially'.

62. у которой вы изволили за несколько часов пред сим быть: 'at whose house you were several hours ago'. Изволили ...быть is a deferential form of были.

63. любезный: 'my good man'.

64. **вы, верно; не туда изволили зайти:** 'you've probably come to the wrong place'. It is an indication of Piskarev's timidity that he uses the same deferential form of address as does the manservant. See Note 62.

65. **изволили проводить:** see Note 62.

66. **что в Литейной:** 'which is on Liteinaia Street'. Note the colloquial use of **что** for **который**. See also Note 2.

67. **пожалуйте поскорее:** 'please hurry'. The imperative **пожалуйте** (from **пожаловать**) is highly deferential.

68. **зала:** modern Russian requires **зал**.

69. **за одним разом:** 'at a glance'.

70. **полустарики:** 'semi-geriatrics'.

71. **Париж:** 'Paris'.

72. **между ими:** modern Russian requires **между ними**.

73. **ещё ослепительнее бросилась в глаза:** 'was even more dazzlingly arresting'.

74. **тайный советник:** see Table of Ranks.

75. **Но вот он продрался-таки вперёд:** 'But then he edged his way forward'.

76. **но провалиться решительно было некуда:** 'there was absolutely nowhere he could disappear'.

77. **как можно подалее:** 'as far as possible'.

78. **во весь голос:** 'at the top of his voice'.

79. **на Невском:** the word **проспекте** is understood.

80. **с захватившимся дыханием:** 'with bated breath'.

81. **произнесть:** modern Russian requires **произнести**: 'pronounce; say'.

82. **он не в силах был слушать никаких приказаний:** 'he did not have the strength to listen to any commands'.

83. **всех встречных:** 'everyone he encountered'.

84. **поэт-труженик:** 'a toiling poet'.

85. **зачем было одной минуты не подождать:** 'why had it not lasted one minute longer?'.

86. **точно:** 'indeed'.

87. **академический сторож:** 'porter at the Academy'. The reference is to the Academy of Sciences, founded by Peter the Great.

88. **действительный тайный советник:** see Table of Ranks.

89. заоблачный: 'heavenly' (literally: 'beyond the clouds').

90. Боже, умилосердись: 'Lord. have mercy'.

91. разрушенного крепкими напитками: 'a man destroyed by strong drink'.

92. поджавший под себя ноги: 'cross-legged'.

93. а я сама чтобы лежала возле неё и курила трубку: 'and let me be lying beside her and smoking my pipe'. The Persian speaks ungrammatical Russian and here uses the feminine forms сама, лежала, and курила instead of the appropriate masculine forms.

94. Пришедши: 'having arrived'. Modern Russian requires придя.

95. Никаких бы желаний не простирал далее: 'my desire would extend no further'.

96. Что пользы в том что она живёт?: 'What use is there in her being alive?'.

97. противуположный: 'opposed to'. Modern Russian requires противоположный.

98. влюблённый: 'a man besotted'.

99. да и кому какое до меня дело, да и мне тоже нет до них дела: 'and who cares for me when I don't care for anyone either'.

100. скрепившись сердцем: 'with sinking heart'.

101. Собравшись с духом: 'Pulling himself together'.

102. Нет ничего приятнее, как быть обязану во всем самому себе: 'There is nothing more pleasant than to owe evrything to one's own efforts'.

103. этого нет сил перенести: 'he had not the strength to endure it'.

104. никого не видно было: 'no-one could be seen'.

105. квартальный надзиратель: 'police officer'.

106. Охта: a suburb of Petersburg.

107. солдат-сторож: 'military guard'.

108. инвалидный солдат: 'disabled veteran'.

109. ломовой извозчик: 'carter'.

110. созданьице: unusual, slightly disparaging diminutive of создание: creature.

111. голубушка: 'you little darling'.

112. статский советник: see Table of Ranks.

113. действительный статский: the word советник is understood. See Table of Ranks.

114. выслужил: 'earned by dint of long service'.

115. мелочь: 'trivialities'.

116. Булгарин; Пушкин; Греч: F.V. Bulgarin (1789-1859), novelist, journalist and police spy; N.I. Grech (1787-1867), almost equally notoriously reactionary writer. The juxtaposition of these third-rate writers with Alexander Pushkin, whose position in Russian literature rivals that of Shakespeare in English literature, says much about the literary taste of Pirogov and his ilk.

117. А.А. Орлов: it is not clear why Pirogov and his circle should be particularly dismissive of this minor author of popular tales (1791-1840).

118. будь она о бухгалтерии: 'be it about bookkeeping'.

119. Филатки: 'Filatkas'. The reference is to a popular vaudeville *Филатка и Мирошка* written by P. Grigor'ev (c.1806-1871) and staged in 1831.

120. русские бородки, несмотря на то, что от них ещё несколько отзывается капустой: 'Russian merchants (literally: 'beards'), in spite of the fact that they still smell somewhat of cabbage'.

121. не хотят видеть дочерей своих ни за кем: 'do not wish to see their daughters marry anyone'.

122. Димитрий Донской; Горе от ума: plays in verse by V. Ozerov (1769-1816) and A. Griboedov (1795-1829) respectively. the first is long forgotten; the second is a classic of the Russian theatre.

123. пушка сама по себе, а единорог сам по себе: the anecdote, the full text of which I have been unable to discover, appears to hinge on the fact that a 'unicorn' was a type of cannon.

124. когда попался ему на улице какой-то писарь: 'when he encountered some clerk in the street'.

125. ему весьма желалось видеть: 'he very much wanted to see'.

126. Казанские ворота: gates leading off Nevsky Prospect to the Kazan Cathedral.

127. Мещанская улица: see Note 2.

128. немцы-ремесленники: 'German craftsmen'.

129. Он было на минуту задумался: 'he was on the point of pausing for thought for a moment'.

130. Вильгельм Телл; История Тридцатилетней войны: both works by the great German writer Friedrich von Schiller (1759-1805). The play *Wilhelm Tell* dates from 1804; the *Geschichte des dreissigjährigen Krieges* (History of the Thirty Years' War) dates from 1791-93.

131. жестяных дел мастер: 'tinsmith'.

132. писатель Гофман: E.T.A. Hoffmann (1776-1822), a German writer of fantastic tales who had a considerable influence on Gogol.

133. Офицерская улица: street in Petersburg.

134. Гут морген: Pirogov's attemts to say 'Good morning' in German (Guten Morgen) is predictably inaccurate.

135. У меня на один нос выходит три фунта табаку в месяц: 'I use three pounds of snuff on my nose alone every month'.

136. швабский: from Swabia (Швабия), a region of Germany.

137. ни за что ни про что: 'on no account and for no reason'.

138. Пошёл вон: 'Clear off!'.

139. слегка было показавшаяся: 'which was just about to appear'.

140. милостивый государь: 'my good sir'.

141. Мой сам...будет офицер: 'I myself will be an officer'. Schiller speaks comically ungrammatical Russian.

142. вчерашнее похмелье: 'the drunkenness of the previous day'. Strictly speaking, похмелье means 'hangover'.

143. ему...очень совестно было: 'he was very ashamed'.

144. Мейн фрау: Gogol's way of rendering the German 'Meine Frau' (my wife).

145. Вас волен зи дох?: 'What do you want?'. (German: Was wollen Sie doch?).

146. Гензи на кухня: 'Go to the kitchen'. A mixture of German (Gehen Sie) and ungrammatical Russian.

147. оказала явный отпор: 'had clearly rebuffed him'.

148. исчезни она: 'should it (i.e. beauty) disappear'.

149. так что Шиллеру это наконец наскучило: 'so that

finally Schiller got fed up with it'.

150. Господи: 'Good Lord!'.

151. самодовольствие: 'self-satisfaction'. Gogol has earlier used the form самодовольство to describe this key feature of Pirogov's character.

152. Шиллера это как бомбою хватило: 'This hit Schiller like a bomb'.

153. Вот тебе на! 'You asked for that!'.

154. живёт на фу-фу: 'lives in a happy-go-lucky manner'.

155. он положил вставать: 'he made it a rule to get up'.

156. в воскресный день: 'on Sunday'.

157. тминная водка: 'carraway vodka'.

158. запирает дверь на крючок: 'bolts the door'.

159. он ломал голову и не мог придумать, каким образом избавиться от этого русского офицера: 'he cudgelled his brains but could think of no way to get rid of this Russian officer'. The verb придумать suggests 'dreaming up'.

160. сделал ей ручкою: 'blew her a kiss'.

161. Гут морген: see Note 134.

162. заходивши: 'approaching'. Modern Russian requires заходя.

163. Чёрт побери: 'Go to hell'.

164. роги: 'horns' (i.e. of a cuckold). The correct plural is рога́

165. Швабия: see Note 136.

166. Нюренберг: 'Nuremberg'.

167. рогатая говядина: 'piece of horned beef'. See Note 164.

168. прочь с него всё: 'get everything off him'.

169. камрат: 'comrade' (German: Kamerad).

170. Сибирь и плети: 'Siberian exile and the lash'.

171. государственный совет: 'State Council'.

172. самому государю: 'the Tsar himself'.

173. слоеные пирожки: 'puff pastries'.

174. Северная пчела: reactionary literary journal edited by F.V. Bulgarin. See Note 116.

175. контрольная коллегия: College of Control. See Note 16.

176. третьего дня: 'two days later'.

177. лошадиная страсть: 'passion for horses'.

178. рот величиной в арку главного штаба: 'a mouth as big as the Arch of the General Staff'. This arch stands on Palace Square, opposite the Winter Palace.

179. перед строящейся церковью: 'in front of a church under construction'.

180. как жена его бросила из окна шариком: 'how his wife threw a ball out of the window'.

181. Лафайет: Marie-Joseph, Marquis de La Fayette (1757-1834). French soldier and politician, participant in the American Revolution and the French Revolutions of 1789 and 1830.

182. ассигнация: paper rouble, worth one third of a silver rouble in the nineteenth century.

183. как ни развевайся вдали плащ красавицы: 'however much the cloak of a beautiful woman billows in the distance'.

VOCABULARY

The vocabulary does not include words found in Patrick Waddington, *A First Russian Vocabulary* (Bristol Classical Press, 1991) and is not intended as a substitute for a good dictionary. Words are therefore translated solely according to the context in which they occur.

Adjectives are given in the long form. Adverbial forms of adjectives which appear in the vocabulary are not given, nor are words translated in the Notes. Only the most difficult gerunds and participles are given.

The following abbreviations are used:

adj.	adjective
coll.	colloquial
dat.	dative
impf.	imperfective
inst.	instrumental
obs.	obsolete
pf.	perfective
pl.	plural
p.p.p.	past participle passive
pres.p.	present participle active

А

агáт agate
áдрес-календáрь
   directory
áдский hellish
аккурáтность
   ᐧ punctiliousness
алебáрда halberd
áнгел-хранúтель
   guardian angel
анекдóт anecdote
аристокрáт aristocrat
áрка arch
аромáт aroma
артéльщик workman
áрфа harp
архúв archive
архитектýра
   architecture
атлáсный *adj.* satin

Б

бакенбáрды *pl.* side-
   whiskers
бáночка *dim.* jar
бáрхатный *adj.* velvet
бáрыня young lady
батúстовый *adj.* cambric
башмачóк *dim.* shoe
бдéние vigil
беднáк wretch
безделýшка trinket
бездýшный soulless
бездыхáнный lifeless
безмóлвный silent
безнадёжный despairing
безобрáзие ugliness
безотчётный
   unaccountable
безýмие madness
безýмный mad
белизнá whiteness
бéрежно carefully
бесконéчно endlessly
бескоры́стный

disinterested
беспéчный carefree
беспокóйный anxious
беспокóйство anxiety
беспорáдок disorder
беспрестáнный
   continuous
бессмéнно continuously
бессóнница insomnia
бесцвéтный colourless
бесцéнный priceless
бесчýвственный devoid
   of feeling
бесчéстный
   dishonourable
биéние beating
бéшенство fury
бúться *impf.* beat
блáго blessing
благоговéние reverence
благонрáвный virtuous
благорóдный noble
благорóдство nobility
благосклóнность favour
благосклóнный gracious
благословéнный blessed
блажéнство bliss
блеск gleam
блéдность pallor
блестéть *impf.* gleam
блестáщий gleaming
блистáтельный dazzling
блюдо dish
бобёр beaver
бодрствовáть stay awake
богáтство wealth
божéственный divine
бóжество deity
бокáл glass
боковóй *adj.* side
боáзнь fear
брадáтый bearded
бранúть/побранúть curse
браслéт bracelet
брáтец *dim.* brother
брéмя burden
бровь eyebrow
бродúть *impf.* wander
брóситься *pf. of*
   бросáться dash
бýдка sentry box

49

бу́дочник policeman
бу́йство unruly conduct
буты́лочный *adj.* bottle
бухга́лтерский *adj.*
    account
бухгалте́рия counting-
    house
быстрота́ speed
бы́тие existence

В

ва́жность importance
валя́ться lie about
ва́литься *impf.* topple
вбива́ть/вбить drive
    (nail)
вве́ренный entrusted
вве́риться *pf. of*
    вверя́ться confide in
вверх up
ввечеру́ *obs.* in the
    evening
вдали́ in the distance
вдохнове́ние inspiration
вдохнове́нный inspired
веле́невый *adj.* vellum
веле́ние command
великоле́пный
    magnificent
велича́во majestically
велича́йший extreme
вене́ц crown
верте́ться *impf.* twist
    and turn
вертля́вый fidgety
весьма́ very
ве́чно eternally
взаи́мный mutual
взбежа́ть *pf. of*
    взбега́ть run up
вздор rubbish
вздохну́ть *pf. of*
    вздыха́ть
вздро́гнуть *pf. of*
    вздра́гивать shudder
взлете́ть *pf. of*
    взлета́ть fly up

взойти́ *pf. of* всходи́ть
    go up
взор gaze
взя́точник bribetaker
взя́ться *pf.* undertake
виде́ние vision
ви́дывать *impf.* see
визжа́ть *impf.* screech
винт screw
вист whist
ви́ться *impf.* curl; wind
вицмунди́р uniform
владе́тельница (female)
    owner
власти́тельно
    peremptorily
власть power
влепи́ть *pf. of*
    влепля́ть plant (kiss)
вмести́ть *pf. of*
    вмеща́ть contain
внеза́пный sudden
внима́тельный attentive
внима́ть/внять hear
вну́тренно inwardly
внуши́ть *pf. of* внуша́ть
    inspire
вовлечённый drawn into
водово́з water-carrier
возбужда́ть/возбуди́ть
    excite
возврати́ть *pf. of*
    возвраща́ть return
возвы́ситься *pf. of*
    возвыша́ться loom up
возвыша́ть *impf.* elevate
воздыма́ться *impf.* heave
волнова́ться *impf.*
    undulate
волосяно́й *adj.* hair
во́льно freely
во́ля will
вонза́ть/вонзи́ть plunge
воню́чий stinking
воображе́ние imagination
воро́на crow
воро́та gate
воротни́к collar
воротничо́к *dim.* collar
воскли́кнуть *pf. of*
    восклица́ть exclaim

восклица́ние exclamation
воспи́танный educated
воспо́льзоваться *pf. of*
    по́льзоваться take
    advantage of
воспомина́ние memory
восстанови́ть *pf. of*
    восстана́вливать
    restore
восто́рг delight
восхити́тельнейший
    most delightful
восхити́ть *pf. of*
    восхища́ть delight
впа́лый sunken
вряд (ли) hardly
впорхну́ть *pf.* dart in
вскри́кнуть *pf. of*
    вскри́кивать cry out
всма́триваться/
    всмотре́ться look into
впуска́ть/впусти́ть let
    in
всемогу́щий all-powerful
всео́бщий general
вскара́бкаться *pf. of*
    вскара́бкиваться
    clamber up
вскочи́ть *pf. of*
    вска́кивать come up
вскри́кнуть *pf. of*
    вскри́кивать cry out
вслед (за) after
всма́триваться/
    всмотре́ться peer at
вспы́хнуть *pf. of*
    вспы́хивать flare up
встре́титься *pf. of*
    встреча́ться meet
вта́йне secretly
вы́бежать *pf. of*
    выбега́ть run out
вы́веска sign
выводи́ть/вы́вести derive
выгля́дывать/вы́глянуть
    peep out
вы́годный profitable
вы́говорить *pf. of*
    выгова́ривать say
выздора́вливать
    /вы́здороветь recover

вызыва́ть/вы́звать call
    forth
выключа́ть/вы́ключить
    except
вылеза́ть/вы́лезть crawl
    out
вы́литься *pf. of*
    вылива́ться spring
    (from)
вы́ломать *pf. of*
    выла́мывать break open
выноси́ть/вы́нести carry
    out
вы́печенный baked
выпива́ть/вы́пить drink
вы́пушка edging
вы́разить *pf. of*
    выража́ть express
вы́ронить *pf.* drop
вырыва́ться/вы́рваться
    break out
вы́садить *pf. of*
    выса́живать set down
выска́кивать/вы́скочить
    sprout
вы́слушать *pf. of*
    выслу́шивать hear out
вы́ставить *pf. of*
    выставля́ть show off
вы́ставленный exhibited
выступа́ть/вы́ступить
    step out
вы́сунуться *pf. of*
    высо́вываться protrude
вы́терпеть *pf.* undergo
вытесня́ться/вы́тесниться
    be crowded out
вычища́ть/вы́чистить
    clean
вышива́ть/вы́шить
    embroider
вышина́ height

Г

гаво́т gavotte
га́дкий vile
гармо́ния harmony
гармони́ческий
   harmonious
гвоздь nail
генера́л general
ги́бель destruction
ги́бкий supple
ги́псовый *adj.* plaster
гла́дкий smooth
глазе́ть/погла́зе́ть stare
гла́зок *dim.* eye
глубина́ depths
глу́пенький *dim.* stupid
глу́пость stupidity
гнев anger
гне́вный angry
го́вор talk
голла́ндский Dutch
голо́вка *dim.* head
городово́й municipal
гости́ть *impf.* stay
грани́т granite
грацио́зный graceful
гре́бень comb
гребешо́к *dim.* comb
грёза day-dream
греме́ть *impf.* rattle;
   resound
гре́шный sinful
гроб coffin
грубия́н lout
гру́бо coarsely
гру́да pile
грунт primer coat (of
   picture)
грусть sorrow
гу́бка *dim.* lip
гуверна́нтка governess
гувенёр tutor
гуля́нье merrymaking

Д

да́лее further
да́льний distant
да́ма lady
дар gift
дарова́ние gift
две́рца door
движе́ние impulse
двусмы́сленный ambiguous
де́вственный virginal
де́йствие action
действи́тельность
   reality
деклами́ровать/
   продеклами́ровать
   declaim
демикото́новый *adj.*
   cotton
де́мон demon
департа́мент department
дереве́нский rustic
держа́ться hold oneself
де́рзкий bold
де́рзость boldness
дёрнуть *pf. of* дёргать
   nudge
де́тски childishly
де́ятельный active
диви́ться/подиви́ться
   marvel
ди́вный amazing
дире́кция management
дитя́ child
дли́ться/продли́ться last
дневно́й diurnal
добы́ча victim
дове́рие trust
дово́льствоваться/
   удово́льствоваться
   content oneself
до́лгий prolonged
до́лжность post
до́мик *dim.* house
допусти́ть *pf. of*
   допуска́ть admit;
   allow

доса́да annoyance
доса́дный annoying
доставля́ть/доста́вить
    supply; give
    (pleasure)
достига́ть/дости́гнуть
    reach; achieve
досто́инство merit;
    dignity
досто́йный worthy
дото́ле *obs.* until then
дохну́ть *pf.* breathe
драгоце́нный precious
    expensive
дребезжа́ть *impf.* bleat
дремо́та sleepiness
дрожа́ть *impf.* tremble
дро́жки *pl.* droshky (a
    type of carriage)
дружи́ться/подружи́ться
    make friends with
ду́нуть *pf.* blow
дух spirit
духо́вный spiritual
душе́вный spiritual
дыха́ние breathing
дыша́ть *impf.* breathe
дю́жий hefty

Е

ерала́ш jumble

Ж

жа́дность greed
жа́ждать *impf.* be eager
жа́лкий pitiful
жа́лость pity
жар heat
жела́ние desire
жела́нный longed for
жемчу́жина pearl
же́ртва victim
жест gesture

живопи́сный painter's
жи́ла vein
жиле́т waistcoat
жили́ще dwelling
жук beetle

З

забве́ние oblivion
забо́та anxiety
забо́титься/позабо́титься
    care for
забо́тливый solicitous
завали́ться *pf. of*
    зава́ливаться *coll.*
    lie down
заведе́ние establishment
зави́денный *p.p.p.*
    glimpsed
зави́дный enviable
зави́довать/позави́довать
    envy
за́витый curled
заводи́ться/завести́сь
    (+ *inst.*) *coll.*
    acquire
завора́чиваться/
    заверну́ться be
    wrapped up
загля́дывать/загляну́ть
    glance
загля́дываться/
    загляде́ться *coll.*
    gaze at
загна́ть *pf. of* загоня́ть
    drive
заговори́ть *pf.* begin to
    speak
загреме́ть *pf.* begin to
    ring
заду́маться *pf.* become
    thoughtful
заду́мчивость
    pensiveness
задуша́ть/задуши́ть
    smother
зае́зжий passing
зажига́ть/заже́чь light

зазва́ть *pf. of* зазыва́ть invite

зазвуча́ть *pf.* resound

зака́зывание order

заключа́ться *impf.* consist

заключи́ть *pf. of* заключа́ть conclude

закопчённый *p.p.p.* blackened

закрасне́ться *pf.* blush

закрича́ть *pf. of* крича́ть shout

заку́тывать(ся)/ заку́тать(ся) wrap (oneself) up

зали́ть *pf. of* залива́ть spill

зало́женный *p.p.p.* put

зама́нчивый alluring

заме́длить *pf.* be long in

замеча́ние remark

замира́ть/замере́ть die away

замеша́тельство confusion

замкну́тый sealed

запа́чканный spattered grubby

запира́ть(ся)/ запере́ть(ся) (*p.p.p.* за́пертый) lock (oneself in)

запла́та patch

заслоня́ть/заслони́ть screen

засорённый *p.p.p.* littered

за́спанный sleepy

засте́нчивый shy

застила́ть/застла́ть cover

засы́пать *pf. of* засыпа́ть cover

затрепета́ть *pf. of* трепета́ть quiver; tremble

затрудни́тельный difficult

зашуме́ть *pf.* rustle

зва́ние vocation; rank

земно́й earthly

зна́тный distinguished

значи́тельный important; meaningful

И

игра́ться *impf.* be put on

идеа́л ideal

идти́ (к) *impf.* suit

изба́виться *pf. of* избавля́ться get rid of

изве́стие information

извести́ть *pf. of* извеща́ть inform

и́звесть lime

изгоня́ть/изгна́ть banish

изде́ржки *pl.* expenses

изли́ться *pf. of* излива́ться be poured

изли́шний superfluous

изложи́ть *pf. of* излага́ть expound

изло́манный broken

измени́ть (+ *dat.*) *pf. of* изменя́ть betray

изнеможе́ние exhaustion

изно́шенный worn

изображе́ние depiction

изобрази́ть *pf. of* изобража́ть depict

изо́дранный tattered

изуми́тельный amazing

изумле́ние amazement

изумлённый astounded

изъявля́ть/изъя́вить express

изъясне́ние declaration

изъясня́ть/изъясни́ть explain

изъясня́ться/изъясни́ться *obs.* express oneself

изя́щный artistic

ино́й some

инсти́нкт instinct
инструме́нт tool
интри́жка *dim.* intrigue
искажённый distorted
иска́ния *pl.* strivings
исключе́ние exception
исключи́тельный
  exceptional
и́скра spark
искроши́ть *pf. of*
  кроши́ть crumble
иску́сно skilfully
испо́лненный full;
  filled
исполня́ть(ся)/
  испо́лнить(ся) carry
  out; be kept
испуга́ться *pf. of*
  пуга́ться take fright
и́стинный real
исчи́слить *pf. of*
  исчисля́ть enumerate

К

кабриоле́т cabriolet
кавале́р gentleman
кавалери́йский *adj.*
  cavalry
казённый *adj.*
  government
ка́к-то namely
камерге́р chamberlain
ка́мер-ю́нкер gentleman
  of the bedchamber
канцеля́рия office
ка́пля drop
капуци́н Capuchin monk
каре́та carriage
каре́тный *adj.* carriage
карни́з cornice
карто́нка cardboard
  box
карту́з cap
катафа́лк catafalque
ка́чество quality
кинжа́л dagger
кисть brush
клю́чница housekeeper
ко́готь nail
ко́е-что something
козли́ный goat-like
ко́лкость jibe
ко́локол bell
коло́нна column
колори́т colouring
ко́мми assistant
коммуника́ция channel of
  communication
конди́терская
  confectioner's shop;
  café
контраба́с double-bass
ко́нтур contour
копы́то hoof
коро́тенький *dim.* short
коры́сть self-interest
косы́нка scarf
кофе́йник coffee-pot
кофе́йный coffee-
  coloured
краса́вица beauty (i.e.
  beautiful woman)

55

краснéть *impf.* show red
крáска paint; colour
красноречи́вый eloquent
красовáться *impf.* stand
    out vividly
красотá beauty
крáсться *impf.* creep
крои́ть/скрои́ть cut out
крóткий mild
круг circle
кулáк fist
купéц merchant
купéческий merchant's
курчáвый *coll.* curly
кусóчек *dim.* piece
кýча heap; mass
кýчер coachman
кушáк sash
кýшанье food

Л

лáвка shop
ладóнь palm (of hand)
лакéй lackey
лампáда icon-lamp
лгать/солгáть lie
легкомы́сленный
    frivolous
лёгенький *dim.* light;
    dainty
лéзвие blade
лéкарь physician
лéнта ribbon
лепнóй moulded
лесовóдство forestry
ливрéя livery
лить *impf.* pour
лихорáдка fever
ли́чико *dim.* face
лиши́ться *pf. of*
    лишáться be deprived
    of
лóвкость agility
лóжечка *dim.* spoon
лóкон lock
локотóк *dim.* elbow

ломáться *impf.* break
лунáтик sleepwalker
льстить/польсти́ть
    flatter
любéзность courtesy
любéзный charming
любóвник lover
любопы́тство curiosity
любопы́тствовать/
    полюбопы́тствовать be
    curious
лю́стра chandelier

М

мазýрка mazurka (type
    of dance)
мáло-помáлу little by
    little
мáлый slight
мальчи́шка *dim.* boy
масли́на olive
мáсса mass
мастеровóй *obs.* artisan
мастерскáя studio
мгновéнно
    instantaneously
мéдный *adj.* copper
медь copper
мéлочный little
мелькáть/мелькнýть be
    glimpsed fleetingly
мéрить/смéрить measure
мерканти́льный
    mercantile
метлá broom
мечтáние reverie
мечтáтель dreamer
мечтáтельный *adj.* dream
мешáться/смешáться be
    mixed up
мёрзнуть/замёрзнуть
    freeze
миг moment
мизи́нец little finger
ми́ленький *dim.* dear
милови́дность
    attractiveness

милосе́рдие mercy
ми́на expression
миниатю́рный miniature
мину́ть pf. pass
мириа́да myriad
мишу́рный tawdry
младе́нческий childlike
многолю́дный crowded
многолю́дство
overpopulation;
overcrowding
многото́мный multi-
volume
мно́жество multitude
могу́щество power
моло́денький dim. young
молча́ние silence
мостова́я roadway
мотылёк butterfly
мра́морный marble
му́жественный manly
мужи́к (male) peasant
мужско́й masculine
музыка́льный musical
мунди́р uniform
му́тный dull; confused
му́читься impf. be
tormented
мы́лить/намы́лить soap
мы́шка: под мы́шкой under
one's arm
мяте́жно restlessly

Н

набе́г raid
наблюда́тель observer
на́божность piety
наброса́ть pf. of
набра́сывать outline
набро́сить pf. of
набра́сывать throw on
на́глость impudence
на́глый impudent
наговори́ть pf. say
нагоре́ть pf. of
нагора́ть burn down
награ́да reward

награди́ть pf. of
награжда́ть endow
надели́ть pf. of
наделя́ть endow
на́добно it is necessary
на́добность need
наду́шенный scented
нае́зд foray
наказа́ние punishment
наки́нутый p.p.p. thrown
over
накли́кать pf. of
наклика́ть bring on
oneself
накло́н inclination
наклоне́ние inclination
наклони́ться pf. of.
наклоня́ться bow
накоротке́ on close
terms
накры́ться pf. of
накрыва́ться cover
oneself
нале́чь pf. of налега́ть
lie upon
нали́чные pl. cash
наложи́ть pf. of
налага́ть impose
намека́ть/намекну́ть hint
at
намо́рщиться pf. of
мо́рщиться crease
наниза́ть pf. of низа́ть
string
наперерьı́в vying with
one another
наполня́ть(ся)/
напо́лнить(ся) fill up
напряже́ние effort
напряжённый strained
наре́зываться/наре́заться
coll. get drunk
нару́жность appearance
наря́д attire
наси́льно forcibly
на́скоро hastily
наску́чить pf. become
bored
наслажде́ние enjoyment
настава́ть/наста́ть come

57

наставле́ние
instructions

насти́гнуть *pf. of*
настига́ть overtake

наступле́ние onset

наха́льно impudently

на́ция nation

наяву́ waking

небе́сный heavenly

небрегу́щий unconcerned

небре́жно carelessly

неве́жливый impolite

неве́рный unsteady

неви́нность innocence

невнима́ние inattention

нево́льный involuntary

невпопа́д irrelevantly

невырази́мый
inexpressible

негодова́ние indignation

недви́жимый motionless

недоста́ток lack;
shortcoming

недоста́точный
insufficient

недоу́мевать *impf.* be
amazed

недоуме́ние stupefaction

недурно́й good-looking;
attractive; not bad

не́жели *obs.* than

незаме́тный
inconspicuous;
imperceptible

незнако́мка stranger
(female)

незнако́мый unknown

неизглади́мый indelible

неизъясни́мый ineffable

некста́ти inopportunely

немо́й dumb

ненадо́лго for a short
while

необыкнове́нный unusual

необходи́мость necessity

неоко́нченный unfinished

неопределённый vague;
indefinite

неосторо́жный careless

неотрази́мый inevitable

неоценённый priceless

неподви́жность
immobility

неподви́жный motionless

непоня́тный
incomprehensible

непоро́чность chastity

непоро́чный chaste

непостижи́мый
incomprehensible

непреме́нно without fail

непреодоли́мый
insuperable

неприли́чный unseemly

непринуждённо
naturally

непритво́ренный open

неприя́тность
unpleasantness

неприя́тный unpleasant

непро́шеный uninvited

неразде́льный
inseparable

неро́вный uneven

несвя́зный incoherent

не́сколько somewhat

несно́сно intolerable

нестерпи́мый unbearable

нести́сь/понести́сь fly
(past)

нетерпели́вый impatient

нетерпе́ние impatience

неудобоисполня́емый hard
to fulfil

неуклю́жий clumsy

не́ясный unclear

ни́зенький *dim.* low

ни́мфа nymph

ни́щая beggar woman

ни́щий (male) beggar;
(*adj.*) destitute

но́жка *dim.* foot

но́жницы *pl.* scissors

ню́хать/поню́хать take
(snuff)

O

обвести́ (глаза́ми) *pf.*
of обводи́ть scan
обворожи́тельный
enchanting
обе́т vow
обиняко́м obliquely
облека́ться/обле́чься
clothe oneself in
обли́тый *p.p.p.* covered
облокоти́ться *pf. of*
облока́чиваться lean
one's elbows
обма́н deceit
обма́нчивый deceptive
обмы́ть *pf. of* обмыва́ть
wash
обнажённый bare
обня́ть *pf. of* обнима́ть
embrace
обойти́сь *pf. of*
обходи́ться behave
обора́чивать/оберну́ть
turn
оборо́т turn
обороти́ться *pf. of*
обора́чиваться turn
обра́доваться *pf. of*
ра́доваться rejoice
о́браз image; figure
образо́ванность level of
education
образо́ванный *p.p.p.*
formed
обрати́ться *pf. of*
обраща́ться turn
into; turn to
обраще́ние treatment
обря́д rite
обстоя́тельство
circumstance
обступи́ть *pf. of*
обступа́ть surround
обхва́ченный *p.p.p.*
seized
обхожде́ние move
обши́рный extensive
объе́дки leftovers

объе́млющий *pres.p.*
embracing
объяви́ть *pf. of*
объявля́ть declare
обя́занность duty
овладева́ть/ овладе́ть
seize
огля́дываться/огляну́ться
glance back
огорчённый offended
односло́жный
monosyllabic
одолева́ть/одоле́ть
overcome
одушевля́ть/одушеви́ть
breathe life into
ожива́ть/ожи́ть revive
оживля́ться/оживи́ться
revive
озада́чить *pf. of*
озада́чивать perplex
озна́ченный the
aforesaid
озна́чить *pf.* stamp;
outline
ока́зывать/оказа́ть show
оки́дываться/оки́нуться give
off; be shrouded in
окла́д features
околдова́ть *pf. of*
околдо́вывать bewitch
око́шко window
окрова́вленный
bloodstained
опаса́ться *impf.* fear
опи́лки filings
описа́ние description
о́пиум opium
опра́ва sheath
опра́виться *pf. of.*
оправля́ться put one's
dress in order
определи́ть *pf. of*
определя́ть fix
о́прометью headlong
опусти́ться *pf. of*
опуска́ться descend
опроки́нутый *p.p.p.*
overturned
опря́тно neatly
о́рден order

59

оригина́л original
оса́нка bearing
осведомля́ться/
осведо́миться inquire
освещённый p.p.p.
illuminated
освяти́ть pf. of
освяща́ть sanctify
осени́ть pf. of
осеня́ть shield
оскорбле́ние insult
оскорбля́ться/
оскорби́ться be
offended
ослепи́тельный dazzling
ослепи́ть pf. of
ослепля́ть dazzle
осме́литься pf. of
осме́ливаться dare
осно́вывать/основа́ть
found; base
осо́ба person
осо́бенность
characteristic
острие́ sharp point
остроу́мный witty
осьмо́й eighth
острота́ witticism
отбива́ться/отби́ться
defend oneself
отворя́ться/отвори́ться
open
отврати́тельный
revolting
отврати́ть pf. of
отвраща́ть avert
отвраще́ние revulsion
отдали́ться pf. of
отдаля́ться move away
отда́ть pf. of отдава́ть
devote; give up
отде́латься pf. of
отде́лываться get rid
of; escape with
отдели́ть pf. of
отделя́ть pick out
отказа́ть pf. of
отка́зывать deny
отки́нуть pf. of
отки́дывать abandon
отклони́ть pf. of

отклоня́ть deflect
открове́нный frank
откры́ть pf. of
открыва́ть reveal
отли́ть pf. of отлива́ть
pour out
отлича́ться/отличи́ться
distinguish oneself
отс́званный p.p.p.
called away
отойти́ pf. of отходи́ть
move away
оторва́ться pf. of
отрыва́ться tear
oneself away from
отрази́ться pf. of
отража́ться be
reflected in
отре́зать pf. of
отреза́ть cut off
отры́висто abruptly
отставно́й retired
оттенённый p.p.p.
tinged
оттолкну́ть pf. of
отта́лкивать push away
отъезжа́ть/отъехать
depart
охо́тница (до) (female)
enthusiast (for)
очарова́тельно
charmingly
о́чи pl. of о́ко eye
очну́ться pf. come to

П

па́левый straw-coloured
пали́тра palette
па́ра pair
парке́т parquet
пау́к spider
паути́на spider's web
па́хнуть *impf.* smell
педаго́г pedagogue;
педагоги́ческий
   pedagogical
пейза́ж landscape
перебежа́ть *pf. of*
   перебега́ть run across
пере́дний *adj.* front
перезре́ть *pf. of*
   перезрева́ть be past
   one's prime
перекрёсток cross-roads
переломи́ться *pf. of*
   перела́мываться break
   in two
перемени́ть *pf. of*
   переменя́ть change
переоде́ться *pf. of*
   переодева́ться change
   (clothes)
перере́занный *p.p.p.* cut
переси́лить *pf. of*
   переси́ливать overcome
перетя́нутый *p.p.p.*
   tightly laced
пе́рец pepper
перече́сть *pf. count*
пери́ла *pl.* railing;
   banisters
перл pearl
перси́янин Persian
перспекти́ва drawing in
   perspective; vista
пе́рстень ring
пестрота́ diversity of
   colours
пёстрый gaudy; many-
   coloured
печа́ть stamp
пиро́г pie
пи́санный *p.p.p.* painted

пи́сарь clerk
пи́сьменный written
пита́ть *impf.* nurture
пито́мец pupil; charge
пла́менный ardent
пла́тье clothes; dress
плащ cloak
плести́сь *impf.* trudge
пло́тный solidly built
плуто́вочка *dim.*
   (female) rogue
по́вар cook
повеле́ние command
поверга́ть/пове́ргнуть
   cast; plunge
пове́рженный *p.p.p.*
   prostrated
пове́рхность surface
пове́сить *pf. of* ве́шать
   hang
поворо́т turn
повороти́ть *pf. of*
   повора́чивать turn
повы́тчик attorney
погаса́ть *impf.* fade
   away
поги́бнуть *pf.* perish
погла́живать *impf.*
   stroke
погля́дывать *impf.*
   glance occasionally
   at
погреба́льный *adj.*
   funeral
погружённый *p.p.p.*
   immersed
подави́ть *pf. of*
   подавля́ть crush
пода́ть *pf. of* подава́ть
   offer
пода́ться *pf. of*
   подава́ться move
по́двиг deed
подде́рживать/поддержа́ть
   hold down
подле́ц scoundrel
подметённый *p.p.p.*
   swept
подноси́ть/поднести́
   raise
подо́бие semblance

подо́шва sole
подсве́чник candlestick
подсо́лнечник sunflower
подста́вить *pf. of*
подставля́ть hold up
подступа́ть/подступи́ть
come (up)
подхвати́ть *pf. of*
подхва́тывать put in
подъе́зд entrance
пожа́ть *pf. of* пожима́ть
shake
позабы́ть(ся) *pf.* forget
(oneself)
по́иски *pl.* search
покача́ть *pf.* shake
покло́н bow
поклони́ться *pf. of*
кла́няться bow
покло́нник admirer
поко́йник dead person
покоро́че more closely
покрасне́ть *pf. of*
красне́ть blush
покрови́тельство
patronage
покрыва́ться/покры́ться
be covered
пол sex
полко́вник colonel
полко́вничий *adj.*
colonel's
полоне́з polonaise
полотно́ canvas
пома́да pomade
поме́шанный madman
помути́ться *pf. of*
мути́ться become
clouded
помышле́ние thought
понижа́ть/пони́зить lower
поощря́ть/поощри́ть
encourage
попада́ться/попа́сться be
found
попече́ние care
попла́кать *pf.* shed a
few tears
пополу́дни in the
afternoon
поправля́ть/попра́вить

straighten
попя́титься *pf. of*
пя́титься shy away;
move backwards
поража́ть/порази́ть
strike
порождённый *p.p.p.*
engendered
поро́к vice
пору́чик lieutenant
порхну́ть *pf. of* порха́ть
flit
поры́в rush
поря́дочный respectable
посвящённый *p.p.p.*
devoted
посе́ссор owner
посмея́ться *pf.* mock
посре́дством by means of
посторо́нний bystander;
(*adj.*) outside
пости́гнутый *p.p.p.*
overcome
поступи́ть *pf. of*
поступа́ть act
посту́пок action
потолкова́ть *pf.* talk
потопле́ние drowning
потре́бность need
потупля́ть/поту́пить
lower
потуха́ть/поту́хнуть
go out
поутру́ in the morning
поучи́тельный didactic
похо́дка step
поцелу́й kiss
почита́ть/поче́сть
consider
почте́нный venerable
почти́тельно
respectfully
по́шлый banal
пощёлкивать *imp.* click
появле́ние appearance
прави́тель head
пра́здность idleness
пра́порщик ensign
пра́чка washerwoman
пребыва́ние sojourn
превосхо́дный superb

превратиться pf. of
  превращаться turn
  (into)
пред in front of
предать pf. of
  предавать consign
предоставлять/
  предоставить leave
предполагать/
  предположить assume
предприятие undertaking
представиться pf. of
  представляться
  present oneself;
  appear (to one's
  imagination)
презирать/презреть
  despise
презрение contempt
презренный despicable
преимущество
  superiority
преклонить pf. of
  преклонять incline
прекословие
  contradiction
прелестный delightful
прелесть delight
преображаться/
  преобразиться be
  transformed
преодолевать/преодолеть
  overcome
препятствие obstacle
прервать pf. of
  прерывать interrupt
преследование pursuit
преследовать impf.
  pursue
прибавлять/прибавить
  add
привлекательный
  attractive
привязанность affection
пригладить pf. of
  приглаживать smooth
приготовлять/
  приготовить prepare
приём dose
прижаться pf. of
  прижиматься press

oneself
признаваться/признаться
  confess
признак sign
призывать/призвать
  summon
приказание command
приказать pf. of
  приказывать bid
приличие decorum
приличный proper
прильнуть pf. of льнуть
  become fixed
примириться pf. of
  примиряться be
  reconciled
принаряжаться/
  принарядиться dress
принуждение restraint
припадок fit
припомнить pf. of
  припоминать recall
природный natural
присвоить pf. of
  присваивать adopt
прислать pf. of
  присылать send
прислониться pf. of
  прислоняться lean
  against
присоединяться/
  присоединиться join
пристально intently
пристойный decent
присутствие office;
  presence
притиснуть pf. of
  притискивать press
притом besides
притронуться pf. of
  притрагиваться touch
приумыться pf. wash
приход arrival
причём while
причёска coiffure
приют den
приятность affability
пробраться pf. of
  пробираться force
  one's way
провидение Providence

проглоти́ть *pf. of*
прогла́тывать swallow
прогу́ливаться *impf.*
stroll
продолжи́тельный long
прозева́ть *pf.* miss a
chance
прозра́чный transparent
произведе́ние product;
work
произведённый *р.р.р.*
promoted
происше́ствие event
пролежа́ть *pf. of*
пролёжива́ть lie
променя́ть *pf. of*
проме́нивать exchange
прони́кнутый *р.р.р.*
imbued
проплести́сь *pf.* trudge
past
пропове́дник preacher
пропуска́ть/пропусти́ть
miss; let through
пропу́щенный *р.р.р.*
tucked
просве́чивать *impf.*
shine through
просиде́ть *pf.* sit
проскользну́ть *pf.* slip
through
проста́к simpleton
про́стенький *dim.* simple
простира́ться/
простере́ться range;
extend
простоду́шный artless;
simple-hearted
простота́ simplicity
простофи́ля *coll.* ninny
проти́виться/
воспроти́виться resist
проступи́ть *pf. of*
проступа́ть show
through
проте́чь *pf. of*
протека́ть elapse
протира́ть/протере́ть rub
протя́жно drawlingly
проха́живаться/пройти́сь
stroll

прохла́дный cool
прохо́жий passer-by
проце́ссия procession
про́чий other
пры́щик *dim.* pimple
публи́чный public
пугли́вый frightened
пу́говица button
пуска́ть/пусти́ть emit
пустота́ emptiness
пучи́на abyss
пу́щенный *р.р.р.* let go
пы́льный dusty
пья́ница drunkard

P

ра́бски slavishly
равноду́шный
   indifferent
разбо́й robbery
разбо́рчивый fastidious
разбро́санный *p.p.p.*
   scattered about
развева́ться *impf.*
   flutter
разви́ться *pf. of*
   развива́ться develop;
   increase
развлече́ние diversion
развра́т depravity
развра́тный dissolute
разгля́дывать *impf.*
   watch
раздви́нуть *pf. of*
   раздвига́ть part
раздели́ть *pf. of*
   разделя́ть separate
раздо́р discord
рази́тельный striking
разли́ться *pf. of*
   разлива́ться spread
разма́хивать *impf.* wave
разме́рить *pf. of*
   размеря́ть measure
   off; plan out
размышля́ть/размы́слить
   ponder
разно́счик pedlar
разноцве́тный
   multi-coloured
разогре́тый *p.p.p.*
   warmed
разойти́сь *pf. of*
   расходи́ться part
ра́зом at once
разреши́ть *pf. of*
   разреша́ть solve (the
   problem of); explain
разруши́тельно ruinously
разру́шить *pf. of*
   разруша́ть

разрыва́ющий lacerating
рай paradise
рапе́ rappee (a coarse
   kind of snuff)
раскали́ть *pf. of*
   раскаля́ть inflame
раска́яние repentance
раски́нутый *p.p.p.*
   outstretched
раскла́дывать/разложи́ть
   lay out
раскла́ниваться/
   раскланя́ться bow
раскры́ть *pf. of*
   раскрыва́ть open
распусти́ть(ся) *pf. of*
   распуска́ть(ся) spread
рассе́янность
   absent-mindedness
рассе́янный
   absent-minded
рассма́тривание
   examination
рассма́тривать/
   рассмотре́ть examine
рассмеши́ть *pf.* amuse
расста́ться *pf. of*
   расстава́ться part
   with
расстоя́ние distance
расстро́енный out of
   tune
расстро́ить *pf. of*
   расстра́ивать derange;
   ruin
рассуди́ть *pf.* decide
раста́ять *pf. of* та́ять
   melt
растворённый open
растеря́ться *pf. of*
   расте́риваться lose
   one's head
растерзанный *p.p.p.*
   torn apart
растрёпанный
   dishevelled
растро́ганный *p.p.p.*
   (deeply) moved
растя́гиваться/
   растяну́ться stretch
расчёсывать/расчеса́ть

comb
расшевели́ть *pf. of*
    расшевёливать rouse
ре́вность jealousy
реде́ть/пореде́ть thin
    out
рединго́т redingote (a
    type of woman's long
    coat)
редча́йший rarest
ре́зкий sharp; deep
реме́сленник craftsman
ресни́ца eyelash
реши́мость resoluteness
реши́тельно definitely
реши́ться *pf. of*
    реша́ться decide
ро́бость timidity
рого́жа matting
роди́тельский parental
родня́ relations
ро́жа (ugly) face
рой swarm
роково́й fateful
роско́шно sumptuously
руга́ть *impf.* curse
рукоде́лие handiwork
румя́на *pl.* rouge
румя́нец flush
ру́чка *dim.* hand
рыба́к fisherman
рыса́к trotter (type of
    horse)
ры́ться *impf.* rummage
    about
ры́царский chivalrous

С

са́бля sabre
са́ло tallow
сало́п (woman's) coat
самодово́льный
    self-satisfied
самодово́льство
    self-satisfaction
самонаде́янный
    over-confident
самоуве́ренность
    self-confidence
сапо́жник cobbler
сапо́жнический cobbler's
сбежа́ть *pf. of* **сбега́ть**
    run down
све́жесть freshness
сверка́ющий gleaming
сверкну́ть *pf.* flash
све́ситься *pf. of*
    свешива́ться hang out
свети́ться *impf.* be lit
    up
светя́щийся luminous
свеча́ candle
свиде́тель witness
сво́йственный
    characteristic
свято́й sacred
святота́тственно
    sacrilegiously
святы́ня sacred place
сгущённый *p.p.p.*
    thickened; thick
сдви́нуться *pf. of*
    сдвига́ться come
    together
семе́йный *adj.* family
се́ни *pl.* entrance-hall
серде́чный *adj.* heart
сере́бряный *adj.* silver
се́ренький *dim.* grey
серьга́ ear-ring
сжать *pf. of* **сжима́ть**
    grip
сиде́лец tradesman
си́литься *impf.* try
сире́невый *adj.* lilac

сияние glow
скачущий galloping
скверный rotten
склонить pf. of
    склонять lower
слабонервный
    weak-nerved
слабость weakness
славянка Slav girl
слегка lightly;
    slightly
след trace; footstep
слесарный locksmith's
слететь pf. of слетать
    fly down
сливаться/слиться fuse;
    merge
служащий office worker
слух hearing
смекнуть pf. of смекать
    grasp
смелый bold
сметь/посметь dare
смешиваться/смешаться
    mingle
смиренный meek
смутный confused
сновидение dream
соболь sable
собственно individually
совершенный complete
совершать/совершить
    carry out
совокупиться pf. of
    совокупляться blend
согласие agreement
согласить pf. of
    соглашать reconcile
содержатель owner
содержать impf. keep
содрогнуться pf. of
    содрогаться shudder
соединяться/соединиться
    be combined
создание creature;
    creation
Создатель Creator
сойтись pf. of
    сходиться come
    together
соколиный falcon-like

сокрушённый
    grief-stricken
сокрушительный
    ravishing
солидность dignity
солидный respectable
сомневаться impf. doubt
сонный sleepy
сорокалетний of forty
    years' duration
сословие class
составлять/составить
    constitute; be; draw
    up; comprise; put
    together
сострадательный
    compassionate
сотканный p.p.p. woven
сотня hundred
сохранить(ся) pf. of
    сохранять(ся)
    preserve; be
    preserved
сочетание combination
спешить/поспешить hurry
спинка back (of chair)
справочное место
    enquiry office
спутник companion
сравниться pf. compare
средство means
сталкивать/столкнуть
    push off
стало быть therefore
стан figure
станок work bench
старинный old
статский adj. civilian
стебель stem
стиснутый p.p.p.
    encircled
столик dim. table
столь such a
столяр joiner
сторонка dim. side
страдательно
    agonizingly
страстный passionate
страсть passion
стремительно
    impetuously

стреми́ть *impf.* urge
стро́гость austerity
стро́йный graceful
стук knock
стыд shame
су́дарь sir
суди́ть *impf.* judge
суета́ vanity
сужде́ние judgment
сукно́ cloth
сумасше́дший madman
су́мерки dusk
супру́г spouse; husband
суро́вость severity
суро́вый severe
суще́ственность reality
суще́ственный *adj.*
   material
существо́ being
сши́тый *p.p.p.* sewn;
   made
сюрту́к frock-coat
сюртучо́к *dim.*
   frock-coat

Т

таба́к snuff
таба́чный *adj.* tobacco
та́йна secret
та́йный *adj.* secret
таи́нственный mysterious
тала́нт talent
талисма́н talisman
та́лия waist
та́нец dance
танцо́вщица ballerina
тащи́ть *impf.* drag
тварь creature
творе́ние creation
творе́ц Creator
театра́льный *adj.*
   theatre
тече́ние: в тече́ние in
   the course of
тихо́нько *dim.* quietly
тлетво́рный putrid
то...то first...then
толкну́ть *pf. of*
   толка́ть nudge; jostle
толкова́ть *impf.* talk
толстя́к fat man
толчо́к jolt
то́мный languid
то́ненький *dim.* slim
то́пать/то́пнуть stamp
торнюра carriage; bearing
тре́боваться *impf.* be
   required
трево́га turmoil
тре́пет trepidation;
   trembling
тре́петный trembling
тре́скаться/тре́снуться
   crack
тро́гательный touching
тро́нутый *p.p.p.* touched
труд (creative) work;
   labour
труди́ться *impf.* toil
труп corpse
туале́т toilette
туз *coll.* bigwig
тума́нный foggy

туре́цкий Turkish
ту́склый dim
тща́тельно carefully
тще́тный in vain
тьма darkness
тя́жесть weight

Ф

фаго́т bassoon
фа́кел torch
фа́лда skirt (of coat)
фантасмаго́рия
    phantasmagoria
фигу́ра figure
финн Finn
флегма́тик phlegmatic
    person
фона́рь lamp
форе́йтор postilion
фортепиа́но piano
фрак tail-coat
фри́зовый frieze (coarse
    woollen cloth)
фу́кнуть *pf. of* фу́кать
    blow

Х

хладнокро́вно coolly
хло́пнуть *pf. of* хло́пать
    bang
ход pace
хо́лод cold; chill
холосто́й unmarried
холостя́к bachelor
холст canvas
хоро́шенький pretty
хотя́ бы if only
хохо́л quiff
хо́хот loud laugh

Ц

цара́пина scratch
цари́ца tsarina; queen
ца́рствовать *impf.* reign

Ч

чад haze
ча́йный *adj.* tea
часово́й sentry
человеколюби́вый
    philanthropic
чепуха́ rubbish
чёрствый stale
че́стный honourable
честь honour
четырёхэта́жный
    four-storey
чин rank
чино́вник official
чино́вный holding an
    official post
чистота́ cleanliness
чита́тель reader
чрез across; after
чрезвыча́йный extreme;
    extraordinary
чуда́к eccentric
чудеса́ *pl. of* чу́до
    miracle
чу́дный lovely
чухо́нка Finnish woman
чухо́нский Finnish

Ш

шаль shawl
швейца́р porter
швейца́рская porter's
   lodge
швея́ seamstress
швыря́ть/швырну́ть throw
шевели́ться *impf.* move;
   stir
ше́йка *dim.* neck
шля́пка *dim.* woman's
   hat
шпо́ра spur
штоф bottle
шути́ть/пошути́ть joke

Щ

щегольско́й foppish
щегольство́ foppishness

Э

эго́ист egoist
экипа́ж carriage
энтузиа́ст enthusiast
эполе́т epaulette
эста́мп engraving
э́так *coll.* so; thus
э́такий *coll.* such
эфи́рный ethereal

Ю

ю́нкер junker; cadet

Я

явле́ние phenomenon
явля́ться/яви́ться appear
я́вственно clearly
ястреби́ный hawk-like

QM LIBRARY
(MILE END)

UNIVERSITY
LIBRARY OF
KANSAS CITY